Fahrrad-freunde

Ein Lesebuch

Mit Zeichnungen von
Jean-Jacques Sempé

Ausgewählt von
Daniel Kampa

Diogenes

Nachweis am
Schluss des Bandes
Umschlagzeichnung von
Jean-Jacques Sempé

Originalausgabe

Inhalt

Hansjörg Schneider

Lob des Velos

Das Velo ist die sinnvollste Erfindung der letzten 100
Jahre. Es frisst kein Heu. Es glänzt. Du kannst auf
ihm durch die Stadt und über Land fahren. Du kannst ziemlich viel Bier trinken und dich auf dem Heimweg am Velo
anlehnen. Parkprobleme gibt es keine. Du kannst es überall
abstellen. Das Velo macht keinen Lärm und stinkt nicht.
Wenn du auf ihm durch die Stadt fährst, kannst du laut pfeifen oder singen. Das macht nicht nur dich fröhlich, das steckt
auch die anderen Menschen an.

Die Vietnamesen haben den Krieg gegen die USA dank
dem Velo gewonnen. Jeder chinesische Vater fährt Velo.

Ferdi Kübler, der größte Schweizer, war Velorennfahrer.
Hopp Ferdi!, und Ferdi spult geduckt über den Gotthard.

Du kannst auf dem Velo einen Korb Äpfel transportieren
oder auch ein Mädchen. Wenn dir jemand im Weg ist, kannst
du klingeln.

Die meisten Autofahrer hupen, wenn ihnen jemand im
Weg ist. Wenn derjenige, der im Weg ist, nicht aus dem Weg
geht, überfahren sie ihn. Ein Auto fährt über Menschen, ein
Velo nicht. Ein Auto tötet, stinkt, lärmt, ein Velo nicht. Vom
Velo herunter winkst du und rufst »Salü«, aus dem Auto
heraus machst du die Faust und rufst »Arschloch«. Das Auto
ist klein, aber dein, das Velo ist offen und gehört allen. Das

Velo ist wie die Indianer am Aussterben. Man muss ihm helfen.

Am Auto verdient der Hersteller 1000 Franken, am Velo nur 50. Am Auto verdienen die Benzinverkäufer ihr Weekendhaus, ihr Motorboot auf dem See und ihre gewichtige Stimme im Gemeinderat. Am Velo verdienen sie nichts.

Im Auto wird jedermann zum Kleinbürger: Hier komm ich, geht weg! Auf dem Velo wirst du zum freien Menschen.

Das Auto hat die letzten vier Wände, die dem Kleinbürger gehören. Die Wohnung gehört nicht ihm, der Arbeitsplatz gehört nicht ihm, der Park, in dem er spaziert, gehört nicht ihm, nichts gehört ihm außer dem Auto. Deshalb verteidigt er seine Blechkiste bis zum Äußersten.

Auf dem Velo bist du ein Nomade. Da du dich frei bewegen kannst, hast du keine vier Wände nötig.

In den Straßen unserer Wohnquartiere stehen pro Meter für 1000 Franken Auto. Dafür wird schwer gearbeitet. Der Autobesitzer ist ein Sklave. Er muss verdienen, damit er rollen kann. Er glaubt, er sei frei, wenn er sich in die stehenden Kolonnen einreiht. Auf den Asphaltpisten, die das Land unterteilen, fährt er über Igel, Hasen und Füchse. Da kennt er nix.

Jean-Jacques Sempé

Das Geheimnis des Fahrradhändlers

Wenn es einen Menschen gab, der sich wirklich aus-
kannte mit Gangschaltungen, Pedalhaken, Kugel-
lagern, Zahnkränzen, Schläuchen, Ballonreifen, Halbballon-
reifen oder schlauchlosen Rennradreifen, dann war es kein
anderer als Paul Tamburin, der Fahrradhändler des Städt-
chens Saint-Céron.

Sei's ein Quietschen, sei's ein Pfeifen, sei es eine subtile
Frage der Feinabstimmung oder ein heikler operativer Ein-
griff – es gab auf der Welt kein fahrradtechnisches Problem,
das Paul Tamburin nicht gelöst hätte. Sein Ruf war so ge-
waltig, dass man im ganzen Landkreis zu einem Fahrrad nicht
mehr »Fahrrad« sagte, sondern einfach »Tamburin«.

Diese Tatsache erfüllte ihn mit einem gewissen Stolz, zumal es in der Gegend nur noch zwei andere Personen gab,
denen eine vergleichbare öffentliche Ehrenbezeugung zuteil
geworden war: Aloisius Pfaundler, den König des hausge-
machten Landschinkens, und Friedrich Zwiesel, dem seine
unbestrittene Kompetenz bei der Korrektur von Kurz-, Weit-
und Schielsichtigkeit sowie Astigmatismen die Ehre einge-
tragen hatte, nicht einfach »Brillen«, sondern »Zwiesel« zu
verkaufen, was gelegentlich zu Dialogen führte, die im Ohr
eincs Fremden merkwürdig geklungen haben mögen.

Nun gab es da allerdings eine Sache, die Paul Tamburin

melancholisch stimmte: Während Alois Pfaundler tüchtig seinem eigenen Pfaundler zusprach und Friedrich Zwiesel beim Spaziergang stolz die eigene Zwiesel trug, lebte er, Paul Tamburin, ganz und gar nicht im Einklang mit seiner Reputation. Ein Ungleichgewicht zwischen Sein und Schein brachte die innere Balance dieses äußerlich so gefestigten Menschen aus dem Lot. Die Last eines Geheimnisses ruhte auf seiner Seele und lastete umso schwerer, als niemand auch nur im Traum es je hätte erraten können: Paul Tamburin konnte nicht Fahrrad fahren. Er war unfähig, ein Tamburin zu besteigen. Als Kind war er, wie alle anderen Kinder auch, auf Dreirädern gefahren oder auf einem kleinen Fahrrad mit Stützrädern.

Dabei hatte er zwar keine außergewöhnliche Virtuosität an den Tag gelegt, sich aber ganz rechtschaffen aus der Affäre gezogen. Als jedoch der Tag kam, an dem der junge Sportsmann kühn auf Stützräder verzichtete, um sich den Freuden des autogenen Gleichgewichts und der unbeschränkten Freiheit hinzugeben, da hatte Paul Tamburin die größten Schwierigkeiten, jene mysteriösen Kräfte miteinander in Einklang zu bringen, die da heißen: Schwerkraft, Zentrifugalkraft und Kraft bewegter Massen.

Das war um so überraschender, als er schon sehr früh zur Bewunderung seiner Freunde auf den Händen laufen und mit größter Leichtigkeit einen Salto mortale vorwärts und rückwärts ausführen konnte.

Trotzdem lernte er eine ganze Menge in dieser Zeit: zum Beispiel die Kunst, sich selber Pflaster aufzulegen (zu welchem Zweck er immer Hansaplast, Mullbinden und Jodtinktur mit sich führte); oder am leisesten Geräusch, am kleinsten Hauch der Luft die Gegenwart eines potentiellen Zeugen seiner lächerlichen Fahrversuche zu erraten; und schließlich lernte er, eine selbstbewusste Gelassenheit ganz ungeniert zur Schau zu stellen: Wenn er nach Hause ging, hatte er zuvor die Luft aus dem Reifen gelassen oder die Lenkstange abmontiert oder sich irgendeinen anderen technischen Defekt einfallen lassen. Und durch die vielen Pflaster, die er weithin sichtbar trug, erweckte er den Eindruck, als gehöre er zu jener Kategorie von Extremsportlern, die ihre Disziplin mit speziellen Schwierigkeiten und waghalsigen Akrobatenstücken würzen müssen, um überhaupt noch Befriedigung aus ihr zu ziehen.

Aber ach! – er mochte trainieren, so viel er wollte, auf abgelegenen Feldwegen und Landstraßen (die damals noch kaum von Autos befahren wurden), es gelang ihm bei aller Anstrengung nicht, sich auf zwei Rädern im Gleichgewicht zu halten. Als er ins Alter kam, in dem man sich einen Kamm in die Hemdtasche steckte und Knickerbocker trug, die zu jener Zeit den Übergang von der kurzen Kinderhose zur langen Männerhose markierte, da hatte auch Paul Tamburin einen Kamm in der Hemdtasche und trug Knickerbocker.

Nach wie vor war er unfähig, sich auf dem Fahrrad zu behaupten, hatte aber durch seine lange Erfahrung im kontrollierten Schleudern, Abfedern von Stürzen und Überkopfrollen eine wahre Meisterschaft in der Kunst des Fallens und auf dem Gebiet der Mechanik erworben.

Denn in der Hoffnung, dem Geheimnis seines Scheiterns doch noch auf die Spur zu kommen, hatte er sich darangemacht, sämtliche Teile, aus denen ein Fahrrad besteht, akribisch zu untersuchen – von der Sattelfeder bis zum Kugellagerkügelchen. Etwa um die Zeit bekam er auch die ersten kleineren Reparaturaufträge, und so ergab es sich auf ganz natürliche Art und Weise, dass er nach Abschluss der Schule als Lehrling beim alten Forton anfing, der ihm bald die Verantwortung für sein Geschäft überließ, da er selbst lieber zum Angeln ging, als sich mit kaputten Fahrrädern herumzuschlagen. – Sein kesses Selbstbewusstsein hatte Paul Tamburin eine weitere Fähigkeit zuwachsen lassen, die nicht weniger tauglich war, so manches zu verbergen: Er konnte die Menschen zum Lachen bringen, und das machte ihn beliebt. Mit der Unfähigkeit, Fahrrad zu fahren, hatte er sich abgefunden, ebenso wie andere sich damit abfinden, farbenblind zu sein.

Und dann, als alle sonntags zum Tanzen in die Nachbarorte radelten, da bastelte er sich ein Gefährt zusammen, das ihm ein stabiles Gleichgewicht garantierte und zugleich den Ruf eines originellen Spaßvogels eintrug.

Ja, es machte ihm Spaß, die anderen zum Lachen zu bringen, und die anderen ließen sich gerne von ihm amüsieren. Wenn freilich dann die Nacht die ersten Schatten warf und sich die Paare wie von selbst zusammenfanden, da musste er erfahren, dass man den Clown am Rande stehen lässt, als könnten seine wenig feierlichen Scherze die Gunst der Dämmerstunde stören. Und manchmal überkam ihn die Versuchung, die jeden Komiker von Zeit zu Zeit überkommt: zu zeigen, dass er eine Seele hat und ein Herz, und dass dies Herz Geheimnisse umschließt, die es mit einem anderen Herzen teilen möchte.

Der alte Forton hatte eine Tochter, Josyane (mit Ypsilon, wie sie betonte), die beinahe jeden Abend vorbeischaute. Mal war da eine Bremse einzustellen, mal eine Satteltasche auszuwechseln, mal ein Reifen aufzupumpen… – jedenfalls kam Josyane fast jeden Abend. »Du bringst mich immer so zum Lachen, Paul«, sagte sie.

Eines Abends nun, als die Nacht schon ihre ersten Schatten warf, nutzte Paul Tamburin die Gunst der Dämmerstunde und sagte in feierlichem Ton zu ihr: »Josyane, wenn ich mich nur trauen würde, dann würde ich dir etwas sagen…« – »Trau dich doch, Paul!« – »Ach, es fällt mir so schwer, es zu sagen. Und doch bist du die Einzige, der ich es gerne sagen würde.« – »Sag es, Paul!« – »Es gibt Dinge, die sind so furchtbar schwer zu gestehen.« – »Das kommt darauf an, wem man sie gesteht.«

Er hatte ihre Hand genommen, die sie ihm gerne überließ. »Wenn ich mich trauen würde, dann würde ich dir etwas sagen, was ich noch keinem Menschen auf der Welt gesagt habe, und ich glaube, das würde uns einander näherbringen, und du würdest Vertrauen zu mir haben.« – »Ich habe Vertrauen zu dir, Paul, und ich fühle mich dir ganz nah.«

Er drückte ihre Hand, sie drückte die seine.

»Sag es mir!« – »Gut. Also… es ist so… ich… ich… kann nicht Fahrrad fahren.«

Wie von einer Hutchinson-Sattelfeder emporgeschnellt, fuhr Josyane auf und ging wütend davon. Sie glaubte, er habe sie zum Narren gehalten, wie er alle anderen auch zum Narren hielt.

Paul Tamburin aber war an diesem Abend um zwei Erfahrungen reicher geworden. Er hatte gelernt, dass ein Mädchen noch komplizierter konstruiert ist als ein Campionissimo-Schaltwerk; und dass Geständnisse, die an und für sich schon eine heikle Angelegenheit sind, unter gewissen Umständen einfach nicht ernst genommen werden können.

Saint-Céron und die umliegenden Gemeinden standen ganz im Bann der Tour de France. Ein ortsansässiger Fahrer namens Sauveur Bilongue hatte eine Etappe gewonnen. Freilich nur, weil er wie durch ein Wunder zweihundert Meter vor dem Ziel einem Massensturz entronnen war – aber sei's drum, er hatte gewonnen! Und kein anderer als Paul Tamburin hatte sein Rennrad hergerichtet und abgestimmt.

Der weitere Rennverlauf gestaltete sich weniger erfreulich für Sauveur Bilongue, und in der nächsten Etappe gab er auf. Aber – man hatte über ihn im Radio gesprochen!

Den Ruhmesabdruck seines Rennfahrertrikots noch sichtbar auf der stolz geschwellten Brust, erschien Bilongue am darauffolgenden Samstag im städtischen Schwimmbad von Saint-Céron.

Paul Tamburin stand in diesem Moment auf dem Drei-meterbrett, um Josyane, die sich in der Sonne räkelte, mit einem geschraubten Hechtsprung zu beeindrucken. Als er gerade wippte, um sich zum Absprung hochzuschnellen, brauste Beifall für den Champion auf, und Tamburin schaute sich unwillkürlich um, knallte aufs Sprungbrett zurück und zog sich eine böse Knöchelstauchung zu.

Drei Monate später heirateten Bilongue und Josyane. Und ein Jahr darauf ehelichte Tamburin die junge Krankenschwes-ter, die sich aufopfernd um seine Verletzung gekümmert hatte. Der alte Forton hatte sich unterdessen ganz fürs Angeln ent-schieden und sein Geschäft übergeben. Paul Tamburin war rundum zufrieden. Er liebte seinen immer tadellos gebügel-ten Blaumann, er liebte seinen immer wohlgefüllten Henkel-mann, und er liebte seine Frau Madeleine, die im Haushalt mindestens so kompetent war wie als Krankenschwester. Sie betrachtete es als Zeichen seiner besonderen Zuneigung und Rücksichtnahme, dass er zu Fuß zur Arbeit ging, denn sie fürchtete nichts so sehr wie Fahrradunfälle, die in letzter Zeit wegen des zunehmenden Autoverkehrs immer häufiger ge-worden waren. Auf dem Weg in die Werkstatt kaufte sich Paul Tamburin ein frisches Brot, das er über alles liebte, und wenn wir einmal von den üblichen existentiellen Sorgen und me-taphysischen Ängsten absehen, die einen jeden Menschen plagen, so können wir sagen: Er war ein glücklicher Mensch.

Eines schönen Morgens, als er gerade die abgefahrenen Reifen seiner ehemaligen Volksschullehrerin aufpumpte, kam ein Neuer daher. Er hielt einen Schalthebel nebst geris-senem Kabel in der Hand, stellte sich vor und sagte: »Ich habe ein Problem.«

Er machte einen sympathischen Eindruck. Tamburin reparierte ihm gleich seine Gangschaltung. Der Mann hieß Henri Feigenblatt.

Henri Feigenblatt war Fotograf. Er hatte sein Geschäft unter den Arkaden am Marktplatz eröffnet und sich in kürzester Zeit mit bemerkenswerten Porträtfotos einen Namen gemacht – so etwa dem Porträt von Irene Safran-Lusthold, die Blumen liebte, von Dr. Max Lenterich, der Bücher liebte, oder von Regina Kriegnitz, die Hunde liebte.

Tamburin und Feigenblatt sahen sich gelegentlich, sprachen dann und wann miteinander, und mit der Zeit ergab es sich, dass sie Freunde wurden. Regelmäßig gegen sechs Uhr abends kam der Kunstfotograf, seine unzähligen Taschen gefüllt mit Notizen und Filmrollen, beim Fahrradmechaniker vorbei, und die beiden plauderten und philosophierten über Gott und die Welt.

Gelegentlich überkam Paul Tamburin ein Gefühl von Dankbarkeit. Hatte es das Leben nicht wahrlich gut mit ihm gemeint? Madeleine war eine Ehefrau ohne Fehl und Tadel; sie hatte ihm, wie man so schön sagt, zwei Kinder geschenkt, entzückende Kinder, die in der Schule gute Figur machten; er, Tamburin, genoss in seinem Metier das höchste Ansehen; und nun hatte er auch noch einen wunderbaren Freund in Henri Feigenblatt, welcher sich seinerseits des besten Rufs erfreute, denn schon sehr bald sagte man in der ganzen Gegend zu einem Foto nicht mehr »Foto«, sondern einfach »Feigenblatt«. Nun aber geschah Folgendes: Eines Abends kam Feigenblatt und machte einen Vorschlag. Es ging gerade ein Gewitter nieder, aber selbst der gleißende Widerschein eines enormen Blitzes auf Lenkern, Klingeln,

Chromspeichen, Pedalen, metallenen Trinkflaschen und Fahrradrahmen konnte Tamburin nicht annähernd so stark beeindrucken wie dieser Vorschlag. Feigenblatt schlug nämlich vor, seinen Freund zu fotografieren, wie dieser gerade Tamburin fuhr.

Und er zeigte ihm ein Foto des Ortes, den er für das Bild ins Auge gefasst hatte: den sogenannten Dürrholzhang mit seiner halsbrecherischen Straße, die talseits ihre Begrenzung in einem schluchtartigen Abgrund fand, in dessen tiefer Ferne man Felder und Äcker erahnte, und die bergseits von dichtem, feindseligem Dornengestrüpp umwuchert war. Am besten wäre es, so führte Feigenblatt mit der Emphase des wahren Künstlers aus, wenn es gerade geregnet hätte und sich herrliche Spiegelungseffekte von Mensch und Maschine auf dem nassen Asphalt ergäben. Das Doppelbild von menschlichem Erfindergeist (symbolisiert durch das Fahrrad) und menschlicher Kühnheit (symbolisiert durch Tamburin vor dem Hintergrund der wilden Landschaft) würde sich zu einem Symbol des unbändigen menschlichen Freiheitswillens schlechthin verbinden.

Tamburin gab zu bedenken, dass er seiner Frau gewissermaßen stillschweigend versprochen habe, auf das Fahrradfahren zu verzichten, doch selbst Madeleine ließ dieses Argument nicht gelten. Feigenblatt mache doch wunderbare Fotos, sagte sie, und keinesfalls wolle sie als Xanthippe dastehen wie beispielsweise Frau Zwiesel, die ihren Mann zwingen wollte, sein Geschäft zu verpachten, weil er seiner weiblichen Kundschaft angeblich allzu häufig und allzu tief in die schönen Augen schaute, oder wie Frau Pfaundler, die den Metzger wegen erhöhter Cholesterinwerte radikal auf Fisch gesetzt hatte. Außerdem komme auf der abgelegenen Dürrholzhangstraße so gut wie nie ein Auto vorbei.

Tamburins Gemüt verfinsterte sich. Er war nervös und fahrig geworden. Ein paarmal unterliefen ihm Fehler bei der Montage von Lampen oder Lenkstangen. Madeleine ging zu Feigenblatt und klagte: »Er ist überarbeitet. Er müsste mal raus an die frische Luft.«

Und außerdem hätte sie zu gerne dieses Foto gehabt, das Foto von ihrem Paul in voller Fahrt auf seinem Tamburin!

In einem geschickten diplomatischen Schachzug hatte Feigenblatt zunächst einmal ein ganz hervorragendes Porträt von Madeleine gemacht. Begeistert zeigte sie es ihrem Mann: »Findest du nicht, dass aus dem Kontrast zwischen der kühlen Atmosphäre des Behandlungszimmers und diesem weichen Hintergrund des Blattwerks eine Symbolik spricht, die …« – »Symbolik!«, brüllte Tamburin. »Hör mir auf mit dem Symbolikquatsch!« Und sie hatten den ersten Krach in ihrer achtjährigen Ehe. Madeleine sprach tagelang kein Wort mehr mit ihm.

An einem Sonntagmorgen sagte sie knapp: »Da! In dem Rucksack ist ein Picknick. Hol dir ein Fahrrad! Feigenblatt kommt um zehn Uhr vorbei, um mit dir loszufahren. Raus mit dir an die frische Luft, du bist ja unerträglich geworden!«

Zehn Minuten vor zehn kam Feigenblatt angeradelt. Vor Freude drehte er eine Ehrenrunde.

Tamburin schlug vor, zunächst ein Stück zu Fuß zu gehen, »zum Aufwärmen«, wie er sagte. Feigenblatt war einverstanden. In seiner Hochstimmung wäre er mit allem einverstanden gewesen. Das Einzige, was er kategorisch abgelehnt hatte, war Tamburins Anregung, sich auf dem berühmten Dreirad seiner Jugendzeit fotografieren zu lassen. »Unmöglich«, sagte er, »ich will doch kein Witzfoto machen, sondern ein künstlerisch anspruchsvolles Bild!«

Tamburin zog das Zu-Fuß-Gehen in die Länge und hoffte auf irgendein Wunder: auf sintflutartige Wolkenbrüche, auf einen himmelverdunkelnden Einfall von Riesenheuschrecken, auf einen alles erstickenden apokalyptischen Nebel. Er hasste Feigenblatt und seine Fotografenjacke mit den unzähligen Taschen und den unzähligen Filmrollen darin. Manchmal ließ er sich zurückfallen und zog dann plötzlich wieder strammen Schritts an ihm vorbei, um ihn auf diese Weise zu zermürben. Er verfluchte den Tag, an dem sie sich kennengelernt hatten. ›Lieber hätte ich mir damals ein Bein gebrochen, als ihm zu begegnen‹, dachte er. Und die Tatsache, dass ihm ein ebensolcher Beinbruch womöglich unmittelbar bevorstand, war auch nicht geeignet, seine düstere Stimmung zu heben.

Erst nachdem er (der sonst nie trank) zum Picknick eine ganze Flasche schweren Rotweins in sich hineingeschüttet hatte, wurde aus seiner Verbitterung nach und nach ein trüber, wurstiger Fatalismus.

Er machte eine ziemlich ausgedehnte Siesta. Ihm träumte sogar, dass alles, was ihm da zustieß und noch bevorstand, nur ein Alptraum sei. Feigenblatt wurde allmählich unruhig, denn das Licht begann schon nachzulassen. Schließlich weckte er Tamburin auf, der immer noch tat, als würde er tief schlafen. Und dann stand Paul Tamburin, vom Alkohol noch schwer benebelt und ohne recht zu wissen, wie überhaupt er da hinaufgekommen war, ganz alleine oben auf der Kuppe der Dürrholzhangstraße. Weit unten stand Feigenblatt. Er war verärgert. Denn noch am Morgen hatte es geregnet, unterdessen aber war die Straße abgetrocknet. Mit den ersehnten Spiegelungseffekten würde es also nichts mehr werden, bloß weil er seinen Freund so lange hatte trödeln lassen. »Also los jetzt!«, rief er ungeduldig hinauf, »du kannst losfahren!« Und Tamburin rief zurück: »Wohin denn?« und begann dämlich zu lachen und fügte wohl auch noch in kläglichem Ton hinzu: »Ich kann doch gar nicht radfahren!« Feigenblatt war am Ende seiner Geduld. »Wie witzig!«, brüllte er, »aber das macht nichts, du bist ja mit einer Krankenschwester verheiratet!«

So bestieg denn Tamburin sein Rennrad. Er tat es wie in Trance. Die beiden Bremshebel hielt er krampfhaft fest angezogen. Ein sonderbar giftiges Licht drang durch die Wolken. Er dachte: ›Heute hat sich alles gegen mich verschworen – jetzt fängt's auch noch zu regnen an‹, und er hörte Feigenblatt von unten rufen: »Mach schon, los! Es fängt jeden Moment zu regnen an!« Und da ließ er die Bremshebel los.

Wer erinnert sich nicht an jenes legendäre Foto, das damals durch die nationale und internationale Presse ging!

Die nächsten drei Monate verbrachte Tamburin im Liegen. Mehrfache Knochenbrüche: Bein, Schlüsselbein, linker
Arm (auf der linken Seite war er gelandet), diverse Prellun-
gen etc.

Sein Tamburin war nicht mehr fahrtüchtig. Nachts, wenn
er nicht schlafen konnte, traten ihm immer wieder die gleichen Bilder jenes Sonntags vor Augen: Er sah Feigenblatt
vor sich, der ihn mit seinem Fotoapparat im Anschlag auf
halber Strecke erwartete. Manchmal geschah es sogar, dass
er dieselben Worte laut aussprach, die er sich damals zuge-
raunt hatte: »Ich falle nicht ... ich falle nicht!«

Bis in jede Einzelheit erinnerte er sich an den Moment,
da er mit aller Macht den Fuß gegen die Fahrbahn stemmte,

um dem entsetzten Feigenblatt auszuweichen, wodurch er ins Schleudern geriet und von der Straße abkam, die Böschung hinunter, und dabei dachte, wortwörtlich: ›Fabelhaft, diese schwedischen Reifen – was die aushalten!‹

Und dann war da plötzlich das Gefühl einer großen Leere in der Brust, wie seinerzeit, als er zum ersten Mal vom Siebenmeterbrett gesprungen war. Deutlich sah er einen Schatten – seinen eigenen –, der sich auf dem kleinen Felsplateau abzeichnete, das die Leute aus der Gegend »das Kap« nannten. In der Schulzeit waren sie einmal mit der Klasse hinaufgestiegen, und der Erdkundelehrer hatte davor gewarnt, zu nahe an den Rand zu treten … ›Diesmal werde ich einen sauberen Verweis bekommen!‹, war sein letzter Gedanke.

Madeleine verhielt sich bewundernswert. Ein befreundeter Psychologe erklärte ihr, dass manche Männer – besonders solche, die früher intensiv Sport getrieben hätten – in einem gewissen Alter das unabweisbare Bedürfnis verspürten, sich noch einmal einer extremen Herausforderung zu stellen und sich dabei selbst zu übertreffen. Man dürfe ihnen das nicht zum Vorwurf machen. Die Sache habe sogar einen heilsamen Effekt: Diese letzte bestandene Herausforderung würde es ihnen erleichtern, die Phase des physischen Kräfteverfalls ohne Neurosen oder Altersdepressionen zu überstehen.

Madeleine wiederholte diese These fast wortwörtlich in einem Fernsehinterview. (Das Fernsehen hielt damals gerade Einzug in die Wohnzimmer Frankreichs.) Man nannte sie daraufhin »unsere kleine tapfere Krankenschwester«, und sie erhielt unzählige Briefe mitfühlender Zuschauer.

Der Winter war diesmal besonders lang und streng in Saint-Céron, kaum auszuhalten – wäre da nicht Feigenblatt gewesen, der auf allgemeinen Wunsch immer wieder seine herz- und gemüterwärmende Geschichte von jenem sagenhaften Sonntag zum Besten gab. Aus aller Herren Länder erhielt er Anfragen nach seinem Foto, und er versandte zahllose Abzüge. Ein Verlag wollte seine Porträts der Einwohner von Saint-Céron als Buch herausbringen, natürlich mit dem legendären Foto auf dem Umschlag.

Jeden Tag besuchte er Tamburin, dessen Genesung überraschend gute Fortschritte machte. Im Frühjahr, etwa zur gleichen Zeit, als Feigenblatts Fotoband unter dem schlichten Titel ›Eine kleine Stadt in Frankreich‹ herauskam, wurde Tamburin aus dem Krankenhaus entlassen. Die Beziehung der beiden Freunde schien aus der überstandenen Katastrophe gestärkt hervorgegangen zu sein (gleichsam wie ein Knochen nach verheiltem Bruch); doch der Schein trog, denn die Gloriole von jugendlichem Leichtsinn, Stolz und Heldentum, von der er sich mit einem Mal umgeben sah, behagte Tamburin ganz und gar nicht. Er weigerte sich hartnäckig, Interviews zu geben, teils aus Bescheidenheit, teils aus Angst, die Wahrheit zu sagen. Denn wer hätte ihm die Wahrheit geglaubt? Würde ihm die Wahrheit nicht vielmehr als kokette Spinnerei und Eitelkeit ausgelegt werden? Und würde sie nicht in jedem Fall ein schiefes Licht auf Feigenblatt, auf Madeleine, ja auf ganz Saint-Céron werfen?

»Im Grunde ist die Sache nichts als eine Riesenschwindelei«, sagte er sich immer wieder, »eine unfreiwillige Schwindelei, das stimmt schon, aber trotzdem: eine Riesenschwindelei!«

Als sie einmal in Feigenblatts Atelier beim Abendessen saßen – Feigenblatt bereitete gerade eine Ausstellung vor –, blätterte Tamburin den Fotoband durch, und abermals fiel ihm der frappierende stilistische Unterschied zwischen seinem Porträt und den anderen Porträts auf: Er, Tamburin, war auf hochdramatische, geradezu reißerische Weise als moderner Ikarus dargestellt, während sich die Bäckersfrau Yvonne, der Gemischtwarenhändler Coignon und all die anderen zurückhaltend, fast statisch still und bescheiden in freundlich heiterer Beleuchtung präsentierten. Gewiss sah er die Notwendigkeit ein, auf dem Umschlag eines Buches ein attraktives Foto abzubilden, aber schließlich … schließlich war er es selbst, um den es sich da handelte! Und wieder stieg das Unbehagen in ihm auf, und er beschloss, Feigenblatt nun endlich reinen Wein einzuschenken. »Hör mal zu!«, begann er mit dem Mut der Verzweiflung (beinahe wie damals auf dem Dürrholzhang, als er die Bremsen löste), »hör zu, Feigenblatt, ich muss dir etwas sagen, um unserer Freundschaft willen … also … dieses Foto … dieses Titelbild, das ist in gewissem Sinne nichts anderes als eine Riesenschwindelei, weil … – «

»Ja«, unterbrach ihn Feigenblatt, »ich weiß. Du hast ja recht. Und du hast ein Recht darauf, dass ich dir nun die ganze Wahrheit sage über die Tragödie meines Lebens. Hör zu! – Hier, schau dir dieses Foto an!

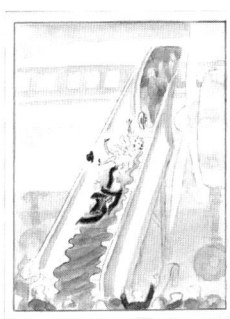

Du kennst es natürlich. (Tamburin kam nicht dazu zu widersprechen.) Es ist von Robert Doisneau, wie du weißt, es ging seinerzeit durch die gesamte Presse.

Der englische Premierminister auf Staatsbesuch in Begleitung seiner Frau, du erinnerst dich: Es ging um diese Außenhandelsbilanzfragen zwischen England und Frankreich.

Bei der Ankunft löst sich der rote Teppich von der Gangway, der Premierminister bricht sich das Handgelenk. Ich war damals auch dabei...

Und das ist mein Foto. Technisch und künstlerisch ist es perfekt. Hier die gedrängte Menge der schwarzgekleideten Delegierten, dort das kleine Mädchen mit dem Blumenstrauß – das ist alles sehr gut, nur... ich habe das Wichtigste verpasst, den entscheidenden Augenblick.

Oder dieses hier, das kennst du auch, es ist von Cartier-Bresson: Die junge Herzogin von... (Tamburin verstand den Namen nicht) setzt ihre Mokkatasse neben dem Beistelltischchen ab, ihr Ehemann bemerkt es und ist darüber so verblüfft, dass er seinen Kaffee über den Prinzen verschüttet. Das Ganze fand statt bei einem offiziellen Versöhnungs-

treffen der beiden Paare nach diesem großen Skandal, du weißt schon. (Tamburin wusste es nicht und nickte.) Nun, ich… ich war damals auch dabei, und das ist mein Foto. Vom technischen Standpunkt einwandfrei und psychologisch sogar hochinteressant, denn man sieht genau, mit welcher Herablassung die Prinzessin mit der jungen, ganz verschüchtert dasitzenden Herzogin redet. Aber wieder einmal ist es mir nicht gelungen, den entscheidenden Augenblick zu erwischen.

Das sind nur zwei Beispiele, und ich könnte dir noch fünfzig andere zeigen. Meine Tragödie als Fotograf, lieber Tamburin, besteht darin, dass ich immer zu früh oder zu spät auf den Auslöser gedrückt habe – mit einer einzigen Ausnahme: Ich habe deinen phantastischen Sprung im Bild festgehalten. Aber das war, leider, der reine Zufall.

Als du im Zickzackkurs die Straße heruntergerast kamst (übrigens eine unglaubliche artistische Leistung! Ein paarmal habe ich tatsächlich gedacht, jetzt schmeißt es dich), da habe ich dich nicht ein einziges Mal richtig ins Bild gekriegt. Dann bist du auf mich zugeschossen, haarscharf an mir vorbei, und ich drehe mich um, laufe zur Böschung, um zu sehen, wo du hinfährst, sehe dich – und vor Schreck fällt mir der Apparat zu Boden. Es machte ›klick‹, und das Foto war im Kasten – vollkommen ohne mein Zutun.«

Tamburin schwieg. Es war spät geworden, Madeleine würde sich wohl schon Sorgen machen, und Feigenblatt wollte nun allein sein, er hatte vor, am nächsten Tag zu verreisen.

Auf der Straße draußen war es nass und kalt, und Tamburin spürte die Schmerzen in seinem linken Bein. Er musste an die berühmten Reflexeffekte denken, die Feigenblatt an jenem Sonntag so sehr vermisst hatte. Heute hätte er sie *en masse* gehabt, seine Reflexeffekte! Und dann diese Vorahnung, von der er gesprochen hatte! Eine Vorahnung habe er gehabt, dass ihm bei einem Foto von Tamburin auf seinem Tamburin endlich einmal gelingen werde, wonach er sein Leben lang lechzte, nämlich im richtigen Moment auf den Auslöser zu drücken! Und in gewissem Sinne war ihm das ja auch gelungen.

Tamburin spürte, wie sich eine kalte Wut in ihm zusammenballte: Nicht nur hätte er heute um ein Haar sein intimstes Geheimnis verraten – er hatte offenbar auch für einen Nichtskönner sein Leben aufs Spiel gesetzt, für einen Pfuscher, der höchstens Schaufensterpuppen und Plüschtiere fotografieren konnte!

Wochenlang war er missmutig und schlecht gelaunt. Das Wetter blieb nasskalt, er spürte es an seinem Bein. Manchmal kam ihm wohl der Gedanke, dass die ganze Malaise vermieden worden wäre, wenn er Feigenblatt von Anfang an die Wahrheit gesagt hätte. Aber dann gewann die Wut wieder die Oberhand, und als einmal eine Studentin auftauchte, um sich sein Foto signieren zu lassen, und dabei verzückt über die »Symbolik« sprach, die das Bild ausdrückte, da bellte er zurück, sie solle ihn zufriedenlassen mit dem »Symbolikquatsch« – ein Ausdruck, den er immer wieder mit höhnischem Triumphgekicher vor sich hin plapperte, so ähnlich, wie es Kinder tun, wenn sie ein unanständiges Wort aufgeschnappt haben.

Und dann kam das Auto. Ein Geschenk der Fahrradrahmenfabrik Rouvox. (Es war ein Rouvox-Rahmen gewesen, der damals am Sonntag dem gewaltigen Schock des Aufpralls standgehalten hatte!) Tamburin wollte zunächst nichts davon wissen, aber dann lagen ihm Madeleine und die Kinder derart in den Ohren, dass er es schließlich annahm. Das Auto wurde mit großem Pomp übergeben. Madeleine war stolz auf ihren Paul. Das ganze Tamtam von Presse, Fotografen und Interviews schmeichelte ihr ungemein – was menschlich ist. Schon seit ihrem ersten Fernsehauftritt war sie von den Ärzten mit größerem Respekt behandelt worden, und bei den Patienten hatte es sich eingebürgert, zu der Spritze, die sie sich von ihr geben ließen, nicht mehr »Spritze«, sondern »Madeleine« zu sagen. Selbst auf die Kinder fiel der Abglanz des Ruhmes. Sie waren in den Augen ihrer Lehrer Kinder eines Idols, was sie zu noch besseren schulischen Leistungen anspornte.

Das Auto war ihm anlässlich eines Radrennens übergeben worden, das die Stadt Saint-Céron mit freundlicher Unterstützung (man sprach damals noch nicht von »Sponsorentum«) der Rahmenfirma Rouvox veranstaltete. Selbstverständlich war es Tamburin, der den Startschuss gab. Feigenblatt war immer noch auf Reisen. Seine Abwesenheit wurde allseits bedauert. »Du brauchst nur dein eigentliches Geheimnis für dich zu behalten«, dachte Tamburin, »und schon verbreitest du Glück und Wohlstand und Zufriedenheit.« Doch seine Stimmung blieb gedrückt.

Nach den Feierlichkeiten sagte Madeleine: »Ich weiß, was dir fehlt. Feigenblatt geht dir ab.« Und als er erwiderte: »Lass mich bloß in Ruhe mit diesem Nichtskönner!«, fügte sie hinzu: »Du genierst dich ja nur, es zuzugeben.«

Er versuchte, seinen anhaltenden Trübsinn zu vertreiben, indem er sich vor Augen hielt, wie viele Vorteile er doch der einfachen Tatsache verdankte, dass er nicht radfahren konnte und dass er seine Unfähigkeit nie eingestanden hatte! Aber diese autosuggestive Methode funktionierte nicht…

Eines Abends, als er an einem Tretlager herumbastelte, stand plötzlich Feigenblatt da. Zwei Monate war er weg gewesen. Einen Moment lang schauten die beiden sich schweigend an. Dann, als Feigenblatt gerade anfangen wollte, etwas zu sagen, platzte es aus Tamburin heraus: »Ich muss dir etwas sagen! Was ganz Wichtiges, pass auf: Ich habe in mei-

nem ganzen Leben … und zwar niemals … und das ist ein großes Geheimnis, verstehst du … ich … ich bin einfach unfähig,
mich auch nur fünf Sekunden lang auf einem … –«, und seine
schlechte Laune war mit einem Mal wie weggeblasen, und
er wollte lachen, und er lachte tatsächlich, und unter Lachen stammelte er weiter: »Ich kann … ich kann einfach
nicht auf einem … – ist das nicht wahnsinnig komisch? – …
Ich, Paul Tamburin, kann nicht …« Und er lachte immer
lauter, bog sich vor Lachen, und auch Feigenblatt fing nun
an zu lachen, denn ganz allmählich ging ihm ein Licht auf.

Andrea Camilleri

Von der Liebe zum Radfahren

Kurz nachdem die Alliierten in der Nacht vom 9. auf den
10. Juli 1943 auf Sizilien gelandet waren, positionierte
sich die deutsche Division Hermann Göring auf einer Ver-
teidigungslinie, die durch Serradifalco verlief. In diesen Ort
des Hinterlands war meine große Familie geflüchtet: mein
Großvater, meine zwei Großmütter, Mama, meine Tante und
mein Onkel. Nur mein Vater musste in Porto Empedocle
zurückbleiben. Er war eingezogen worden und durfte die
Hafenkommandantur, bei der er arbeitete, nicht verlassen.
Wir Übrigen konnten uns vor den ständigen Bombenangriffen, denen unsere Stadt ausgesetzt war, in Sicherheit bringen.

Wir wohnten in der schönen, geräumigen Villa meiner
Tante Concettina, deren Mann ein alter Stabsarzt im Gene-
ralsrang war. Er litt an einer leichten Form von Wahnsinn,
was mich, wie ich gestehen muss, auf gewisse Weise faszi-
nierte. Auf dem Dach der Villa erhob sich ein kleiner Turm,
der zu meinem Lieblingsplatz wurde, wenn ich lesen wollte.
Mitunter besuchte mich der General da oben und verlangte
von mir, dass ich ihm die Seite vorlas, bei der ich gerade
angelangt war. Kaum hatte ich begonnen, zündete er sich
eine Zigarette an, machte es sich im Sessel gemütlich und
hörte mir mit geschlossenen Augen zu. Danach sah er mich
an und fragte:

»Erklärst du mir das?«

»Was gibt's denn da zu erklären, Onkel? Das ist Leopardi! Er sagt, die Nacht ist heiter, weil kein Wind geht, und der Mond steht am Himmel.«

»Ach, der Mond!«

Und er fing furchtbar an zu lachen. Er hatte Tränen in den Augen. Der Mond war eines der Wörter, die eine ungebremste Heiterkeit in ihm auslösten. Andere Wörter waren Ameise, Herz und Gesundheit. Es war ihm untersagt zu rauchen, und in dieser Frage war Tante Concettina unnachsichtig. Wie ein Trüffelhund spürte sie immer wieder die Zigaretten auf, die ihr Mann an den unmöglichsten Stellen versteckte (er wurde von einem Bauern versorgt, der mit ihm unter einer Decke steckte). Eines Tages, als meine Tante in den Ort hinuntergegangen war, legte er sich die Generalsuniform aus dem Ersten Weltkrieg an und hielt in diesem Aufzug einen Autokonvoi der Deutschen an. Er befahl, dass ihm sämtliche Zigaretten ausgehändigt wurden. Die Deutschen waren von der Uniform so beeindruckt, dass sie ihm direkt eine ganze Kiste gaben. Mit Hilfe des befreundeten Bauern stieg er anschließend aufs Dach der Villa und versteckte die Päckchen unter den Ziegeln. Zwei Tage später ging ein gewaltiger Wolkenbruch nieder, und meine Tante Concettina wunderte sich über all die Zigaretten, die da vom Himmel prasselten.

Die Soldaten der Division Göring hatten ihr Lager genau gegenüber der Villa aufgeschlagen, auf der anderen Straßenseite. Daher war es für uns gefährlich, auch nur die Nase aus der Tür zu stecken, denn die alliierten Flugzeuge beschossen das Lager Tag für Tag mit Splitterbomben, was die Deutschen ihrerseits mit Bombenangriffen beantworteten.

Ich ging oft zu den Deutschen. Meist hatte ich eine Flasche Wein dabei, die ich gegen ein paar Konserven eintauschte. Lebensmittel waren schon seit langem knapp geworden, wir ernährten uns von getrockneten Saubohnen und ein paar Eiern von den Hühnern, die die Deutschen noch nicht erbeutet und selbst gekocht hatten.

Zwei- oder dreimal wurde ich in dem Lager von alliierten Bombenangriffen überrascht. Einmal traf eine Splitterbombe voll die Grube, die sich ein Soldat zum Schutz gegraben hatte, und zerriss ihn in Stücke. Die Leichenteile wurden eingesammelt, in ein Wachstuch gelegt und in dem Krater beigesetzt, den die Explosion in den Boden gerissen hatte, bei einer Trockenmauer neben der Straße. Die Kameraden des Toten stellten ein grobes Holzkreuz auf, auf dem sein Rang, sein Vor- und Zuname und seine Matrikelnummer eingekerbt waren.

Wenige Tage später war es nicht mehr möglich, ins Lager zu gelangen, denn es wurde jetzt nicht mehr nur von Flugzeugen, sondern auch von Kanonen der Alliierten beschossen, die inzwischen näher gerückt waren. Wir siedelten in den großen Keller der Villa um, und bald stießen auch einige Familien aus der Nachbarschaft dazu. Sie waren zu Recht der Ansicht, dass der Keller sicherer war als ihre Häuser. Um es kurz zu machen, wir waren schließlich um die zwanzig Menschen, die von nun an dort unten lebten.

Eines Nachmittags kam ein Oberleutnant, der recht gut Italienisch sprach, in den Keller. Er riet uns, das Haus unverzüglich zu verlassen, die feindlichen Truppen seien nur noch wenige hundert Meter entfernt, es werde unweigerlich zu Kämpfen kommen, und keiner werde verschont bleiben. Dann ging er.

Wir beratschlagten uns kurz und beschlossen zu bleiben. Unter uns waren alte Menschen und ein Kranker, der nicht mehr gehen konnte.

Nun waren wir im glücklichen Besitz von dreißig Eiern, und weil es vom Keller aus einen Zugang zur Küche gab, stieg mein Onkel Massimo die sechs oder sieben Stufen hinauf, um die Eier zu kochen. Wir hatten ja keine Ahnung, wie lange die Belagerung noch andauern würde.

Gegen Abend brach die Hölle los: Bomben, Kanonendonner, Maschinengewehrfeuer. Auf diese Schlacht würden zweifellos die Kämpfe folgen, von denen der Oberleutnant gesprochen hatte. Wir waren zu Tode erschrocken. Der Lärm hielt mehr als zwei Stunden an, dann war es plötzlich still. Unversehens nahmen wir ganz in der Nähe einzelne Gewehrschüsse wahr.

»Sie sind hier«, sagte Onkel Massimo, der mittlerweile aus der Küche zurückgekehrt war.

Niemand wagte es, einen Ton zu sagen; es klapperte nur irgendwer vor Angst mit den Zähnen. Die Schüsse fielen immer häufiger, und das Warten wurde langsam zur Qual. Ich dachte mir, die Amerikaner müssten eigentümliche Gewehre haben, denn ihr Knallen klang merkwürdig verhalten, als hätten sie Schalldämpfer.

»Ich halte das nicht mehr aus!«, schrie Tante Concettina wie aus heiterem Himmel. Sie war Opfer eines hysterischen Anfalls geworden, der auf der Stelle ansteckend wirkte, denn alle anwesenden Frauen fingen an zu weinen, zu beten und

zu schreien. Ich sah, wie Onkel Massimo unversehens aufstand, eilig die Stufen hinaufrannte und verschwand, obwohl
die Frauen ihn anflehten, bloß sein Leben nicht zu riskie-
ren. Ein paar Sekunden später hörte die wundersame Knal-
lerei auf, und Onkel Massimo kam zurück.

»Das waren keine Gewehrschüsse«, sagte er, »es waren die
Eier. Sie sind im Topf geplatzt, weil das Wasser verdampft
war.«

Kurz darauf schliefen wir ein. Angst, Anspannung und
Hunger hatten an unseren Nerven gezerrt. Ich war der Einzige, der beim ersten Tageslicht aufwachte, und mit großem
Erstaunen hörte ich die Vögel wieder singen. Vor ungefähr
zwei Wochen waren sie plötzlich verschwunden. Kein anderer Laut war zu hören.

Also wagte ich mich hinaus. In dem Militärlager gegenüber war keine Spur mehr von den Deutschen, bis auf ein
paar ausgebrannte Lastwagen, herausgerissene Zelte und das
Kreuz auf dem Grab des Soldaten. Ans Tor der Villa gelehnt,
überlegte ich, ob ich die Straße überqueren und in das ehemalige Lager gehen sollte, um zwischen Lastwagen und
Zelten nach ein paar Konserven zu suchen, die die Deutschen
vielleicht vergessen hatten.

Plötzlich hörte ich ein Geräusch von der Straße, die nach
Serradifalco führte. Ich drehte mich um. Ein riesiger Panzer
mit einem langen Kanonenrohr rollte langsam heran und
nahm die gesamte Breite der Straße ein. Wie gelähmt starrte
ich das Fahrzeug an. Irgendwann rückte der Panzer nach
rechts, um ein Auto vorbeizulassen, wie ich es vorher noch
nie gesehen hatte. Später erfuhr ich, dass es ein Jeep war. Ein
schwarzer Soldat saß am Steuer, neben ihm ein weiterer, und

hinter ihnen stand aufrecht noch ein Soldat, der sich an einer gebogenen Stange festhielt. Als der Jeep auf meiner Höhe war, klopfte der Soldat, der stand, dem Fahrer auf die Schulter, und der hielt an. Ich konnte den Mann aus der Nähe betrachten, er hatte einen breiten Gürtel um die Hüften, an dem zwei großkalibrige Pistolen in Taschen hingen. Auf dem Kopf trug er einen Helm mit einer Verzierung, die aussah wie drei kleine Silberblumen. Offensichtlich hatte er es nicht auf mich abgesehen, denn er betrachtete das Kreuz des deutschen Soldaten.

Plötzlich streckte er die Hand aus, packte das Kreuz, riss es heraus und zerbrach es auf dem Knie. Dann warf er es zu Boden und sagte dem Fahrer, er solle weiterfahren. Ich war entsetzt. Die Dummheit und Niedertracht dieser Geste erschreckten mich wesentlich mehr als die Bombenangriffe der letzten Tage.

Als der Panzer langsam an mir vorüberfuhr, bemerkte ich, dass ihm gut ein Dutzend Soldaten in Zweierreihen folgte, alle mit Maschinengewehren bewaffnet. Sie trugen dreckige, zerknitterte Uniformen, an ihren Hälsen baumelten Handgranaten, die aussahen wie hawaiianische Blumenketten. Die Männer stolzierten an mir vorbei, ohne mich anzusehen, ihre Köpfe waren gesenkt. Sie wirkten, als seien sie sehr müde. Einer aus der letzten Reihe kam noch mal zurück, deutete einen militärischen Gruß an und sagte im Dialekt:

»Mein' Gruß, Landsmann!«

»Buon … Buongiorno«, antwortete ich völlig verdattert.

»Hast du wohl 'n ganz kleines bisschen Olivenöl, Landsmann?«

»Ja.«

»Dann bring's mir in ungefähr 'ner halben Stunde, wenn wir zurückkommen. Ich will mein' Hauptmann doch mal unsern Salat probieren lassen. Kräuter hab ich, Essig und Salz auch.«

Er salutierte und ging, während ich unversehens in Tränen ausbrach, vor Glück, aber auch vor Schmerz. Als sie zurückkamen, hielt ich das Öl bereit.

Sie waren zu zwölft, mit dem Hauptmann dreizehn, alles Söhne sizilianischer Auswanderer, nur der Hauptmann war Amerikaner. Während der Soldat den Salat zubereitete, erzählte ich ihm die Geschichte mit dem zerbrochenen Kreuz und fragte ihn, wer dieser Mensch gewesen sei.

»Das ist 'n ganz hoher General«, antwortete er, »der beste und mutigste von allen, einer von denen, die vor den anderen hermarschieren. Aber menschlich ist er ein Wrack. Er heißt Patton.«

Seit über zwei Wochen hatten wir nichts mehr von meinem Vater gehört, den wir in Porto Empedocle zurücklassen mussten. Meine Mutter wurde fast verrückt vor Sorge. Nach der Landung der Alliierten hatte ich Marinesoldaten auf dem Rückzug vorbeikommen sehen und den einen oder anderen von ihnen nach Neuigkeiten ausgefragt. Sie hatten mir alle die gleiche Antwort gegeben: Porto Empedocle war von den heftigen Bombenangriffen völlig zerstört, und zahllose Menschen waren umgekommen.

Da hielt ich es nicht mehr aus. Ich bat meine Tante Concettina, mir ihr Fahrrad zu leihen, und fuhr mit meinem um wenige Jahre jüngeren Cousin Alfredo los. Er war ebenfalls ohne jede Nachricht von seinen Verwandten geblieben. Alfredo besaß ein eigenes Fahrrad, das er mitgebracht hatte, als er uns vor der Landung einmal besuchen gekommen war. Es war ein teures Fahrrad von einer berühmten Marke, und er war stolz darauf. Meins dagegen war ein einfacher Drahtesel der Firma Montante.

Dass die Reise von fast fünfzig Kilometern nicht leicht würde, begriffen wir schon auf den ersten hundert Metern. Es gab praktisch keine Straßendecke mehr, dafür zahlreiche Löcher und Vertiefungen. Man fuhr über Blechstücke, Schrauben, Reifen, die von Panzern plattgedrückt worden waren, zerborstene Fensterscheiben, Gewehrstücke, Splitter, kurz gesagt: all die Reste der italienischen und deutschen Lastwagen und sonstigen Fahrzeuge, die während des Rückzugs getroffen worden waren und deren ausgebrannte Gehäuse nun an den Straßenrändern lagen.

Nach ungefähr zwei Kilometern hatte Alfredo den ersten Platten.

»Wenn der ganze Weg so ist, kommen wir nie an«, sagte ich entmutigt.

Nachdem das Rad repariert war, fuhren wir weiter. Doch das Schlimmste sollte erst noch kommen. Kurze Zeit später befanden wir uns vor einer Mauer, die aus Jeeps und Panzern bestand. Sie kamen aus der entgegengesetzten Richtung und hätten nicht mal mehr Raum für eine Stecknadel gelassen, so dicht nebeneinander fuhren sie. Ich fuhr vorn und dachte, sie würden mich schon vorbeilassen, doch sie rückten keinen Zentimeter zur Seite. Um nicht zermalmt zu werden, steuerte ich schnell auf den Straßenrand zu, verlor das Gleichgewicht und purzelte mitsamt dem Fahrrad in den Graben. Alfredo erging es nicht anders. Nur dass er danach, anders als ich, wieder einen Platten hatte. Wir verloren erneut kostbare Zeit. Als dann die Militärkolonne etwas weniger dicht wurde, schwangen wir uns wieder auf unsere Sättel, doch wir landeten abermals am Straßenrand.

Nachdem wir ungefähr ein Viertel des Weges zurückgelegt hatten, hatte Alfredo seinen dritten Platten. Das war der Punkt, an dem ich beschloss, ihn seinem Schicksal zu überlassen, zumal ich problemlos vorankam. Mein Rad war unversehrt, ich hatte noch keinen einzigen Platten gehabt, die Kette blieb immer fest an ihrem Platz, und die Speichen gingen bei den Stürzen nicht zu Bruch. Auch der Lenker war noch um keinen Millimeter verbogen, ein wahres Wunder. Ich machte mich also allein auf den Weg. Hin und wieder sprach ich mit meinem Fahrrad, streichelte die Querstange, als wäre sie die Mähne eines Pferdes: »Los, tüchtig, weiter so!«

Gelegentlich hielt ich an, weil ich müde war oder um irgendetwas, das meine Aufmerksamkeit erregte, genauer zu betrachten. Einmal fuhr ich durch eine Gegend, die mir wie ein Bild aus Dantes Hölle vorkam: herausgerissene und vom Feuer verkohlte Bäume, Stoppelfelder, die zu dunklen Flecken auf der gleichmäßig verbrannten Erde geworden waren, nirgends ein Grashalm, nichts, was noch lebendig schien. Hier musste ein Panzergefecht stattgefunden haben, fünf oder sechs von unseren Fahrzeugen waren noch zu sehen. Vom offenen Turm eines Panzers hing der Körper eines Insassen herunter, der es offensichtlich nicht mehr recht zeitig geschafft hatte herunterzuspringen. Die nach außen gestülpte Jacke verdeckte sein Gesicht, aus seiner Tasche war ein Stapel Briefe gefallen. Ich sammelte sie auf und nahm mir vor, sie später seinen Angehörigen zukommen zu lassen, auch wenn ich nicht genau wusste, wie. Bei den anderen Panzern lagen weitere Leichen, ihr Geruch war unerträglich. Es war schon fast Ende Juli, die Sonne versengte Menschen, Tiere und Pflanzen.

Ich stieg wieder auf mein Rad, und als ich ein paar Meter gefahren war, zog ich mich aus und warf alles von mir: Hose, Hemd und Unterhemd. Am Schluss hatte ich nur noch meine Unterhose an und Sandalen an den Füßen.

Obwohl ich die Kleider von mir geworfen hatte, weil mir so schrecklich heiß war, fühlte ich, dass es auch noch einen anderen Grund gab, der mir aber erst später klarwurde. Es war weniger die Angst um meinen Vater, die mir die Kraft gab weiterzustrampeln, als vielmehr jener verborgene Grund, trotz der Müdigkeit, die eher geistiger als körperlicher Natur war, und trotz des Durstes. Die Feldflasche war schon seit einer Weile leer und hatte das Schicksal meiner Kleidungsstücke geteilt. Ich hatte nur einmal angehalten, um einen Bauern um etwas zu trinken zu bitten, danach wollte ich keine Zeit mehr verlieren. Kurz vor den Toren von Agrigent sah ich, dass auf der Wand eines kleinen Hauses in riesigen grünen Lettern geschrieben stand: »Es lebe die Freiheit!« Da begriff ich den eigentlichen Grund, weshalb ich mich auf dem Weg ausgezogen hatte. Heute mag es rhetorisch wirken, aber das war es nicht. Ich spürte, dass ich mich einer neuen und langerwarteten Realität nackt stellen musste, als würde ich ein zweites Mal geboren werden. Wäre es mir möglich gewesen, hätte ich auch noch die alte Haut abgeworfen.

Kaum war ich in Agrigent, sah ich einen Verwandten von uns und rief ihn bei seinem Namen. Ich glaube, wir hatten uns nie richtig gemocht, doch im nächsten Augenblick umarmten wir uns wie Brüder, die einen Schiffbruch überlebt hatten.

»Hast du was von meinem Vater gehört?«, fragte ich, und mein Herz stand still, während ich die Antwort abwartete.

»Ja, gestern Nachmittag war ich am Hafen, da habe ich ihn gesehen.«

Ich fühlte mich, als hätte ich Pudding in den Knien. Meine Beine schienen mich nicht mehr zu tragen, ich war völlig kraftlos. Kurz nachdem ich wieder auf mein Fahrrad gestiegen war, stürzte ich ohne ersichtlichen Grund. Es war der erste Sturz von vielen auf dem langen Weg, der mir richtig weh tat. Ich ging zu Fuß bis zur Passeggiata weiter, von der aus man das Meer sieht.

Nur dass das Meer nicht mehr da war. An seine Stelle war ein Haufen Stahl und Eisen getreten. Hunderte von Schiffen, die sich schließlich am Horizont verloren. Sie warteten, bis sie an der Reihe waren, den Kriegsnachschub für die Alliierten zu löschen. Ich war bestürzt. Jemand, der die ganze Zeit schweigend neben mir gestanden hatte, sagte plötzlich:

»Von hier aus könnte man zu Fuß bis nach Tunesien gelangen.«

Glücklicherweise war die Straße, die von Agrigent aus in meine Stadt führte, zum größten Teil abschüssig, so konnte ich es schaffen. Auf der Hauptstraße musste ich allerdings absteigen, denn sie war voller Amphibienfahrzeuge, die Waffen von den Schiffen in die Lagerhäuser brachten. Wenn sie aus dem Meer kamen und sich aus Booten in Lastwagen verwandelten, ließen sie das Wasser, das sie im Kiel hatten, auf die Erde klatschen, so dass ein halber Meter Schlamm das Straßenpflaster bedeckte. Auf einer Hausfassade war ein riesiges Plakat mit der Aufschrift angebracht:

»Wer Bomben findet – oder andere nicht explodierte Gegenstände – diese nicht anfassen! – sondern zur Kommandantur bringen.«

Die Bewohner meiner Stadt fragten sich ratlos:

»Wenn wir sie nicht anfassen dürfen, wie sollen wir sie dann zur Kommandantur bringen?«

Ich traf meinen Vater in der Hafenkommandantur wieder. Die Amerikaner hatten ihn zum »Master harbor« ernannt, zum zivilen Hafenkommandanten, der seinen Arbeitsplatz nicht verlassen durfte.

Nach unserem Wiedersehen machte ich mich auf den Weg zu unserer Wohnung. Ich musste mich unbedingt waschen und ein wenig ausruhen. Vor der Haustür sah ich eine Schlange amerikanischer Soldaten in Reih und Glied stehen, die immer ein Stück aufrückte, wenn einer von ihnen aus dem Haus kam. Die Männer hatten ein Handtuch und ein Stück Seife in der Hand. Offensichtlich hatten sie herausgefunden, dass unsere Wohnung eine der wenigen mit Badewanne und Dusche war, und davon machten sie jetzt Gebrauch. Als ich ihnen erklärte, wer ich war (fast alle waren Söhne von nach Amerika ausgewanderten Sizilianern und sprachen Dialekt), ließen sie mich gleich reingehen.

In der Wohnung war keins unserer Möbelstücke mehr zu sehen, kein Spiegel, kein Stuhl, kein Buch, nichts. Mein Vater erklärte mir hinterher, dass die Aasgeier die Bombenangriffe, die der Landung vorausgegangen waren, genutzt hatten, um zu plündern.

Zum Schlafen hatte er eine Feldpritsche aufgetrieben und fand auch noch eine weitere für mich. Müde und durcheinander, wie ich war, schlief ich tief und fest wie noch nie in meinem Leben.

Am nächsten Morgen galt mein erster Gedanke nach dem Aufwachen – ich kann es mir bis heute nicht erklären – den Tempeln von Agrigent. Ich war sicher, dass die Bombenangriffe sie zerstört hatten, und wollte mich gleich vergewissern. Mir ist schleierhaft, wie ich es mit dem Fahrrad den Catena-Hügel hinaufschaffte, denn plötzlich war die ganze Müdigkeit des Vortags wieder da. Von oben wirkte der Hafen von Porto Empedocle wie ein Babylon aus Schiffen und Amphibienfahrzeugen: Überall waren Schiffe zu sehen, soweit das Auge reichte. Über ihnen schwebten riesige Ballons in der Luft, die einen Fliegerangriff aus der Nähe verhindern sollten. Ich trat noch fester in die Pedale und kam ins Schleudern Ein Schwarzer in einem Jeep hatte Erbarmen mit mir, lud mich mitsamt meinem Fahrrad ein und brachte mich genau zum Fuß des Tempels der Concordia, der mir im gleißenden Licht dieses Julimorgens unversehrt vorkam. Auf dem Vorplatz sah ich einen amerikanischen Soldaten, der den Tempel fotografierte, jedenfalls versuchte er es. Er nahm ihn ins Blickfeld, schüttelte den Kopf und ging dann ein Stück nach rechts. Plötzlich lief er wieder los, blieb stehen und versuchte es aus einer anderen Perspektive. Doch auch diesmal schien er nicht zufrieden zu sein. Ich sah ihn verwundert an. Da war doch der Tempel, er musste ihn nur fotografieren und fertig! Wonach suchte er noch? Er muss ein Sizilianer gewesen sein, das verrieten seine Gesichtszüge, vielleicht wollte er Verwandten in Amerika ein

Souvenir mitbringen. Plötzlich brach ein ohrenbetäubender Lärm von Flugzeugen und Schüssen los. Am Himmel, allerdings in geringer Höhe, fand ein Zweikampf zwischen einem deutschen und einem amerikanischen Flugzeug statt. Ich warf mich sofort zu Boden. Ebenso der Soldat, doch anders als ich hatte er sich auf den Rücken geworfen. In dieser Position schoss er ein Foto nach dem anderen, ohne auch nur eine Sekunde zu zögern. Der Apparat in seinen Händen war wie ein Maschinengewehr. Dann verschwanden die beiden Flugzeuge. Wir standen beide auf, und ich sagte etwas im Dialekt zu ihm, doch er verstand nicht. Ich spreche zwar kein Englisch, aber ein paar Wörter kenne ich durchaus. Er erklärte mir, dass er ein Kriegsfotograf sei. Auf ein Stück Papier schrieb er seinen Namen: Robert Capa, damals ein Unbekannter für mich. Wir verabschiedeten uns, und ich stieg aufs Fahrrad, denn jetzt war der Weg nur noch abschüssig. Wenn mir heute eins der »sizilianischen« Fotos von Capa in die Hände kommt, sind plötzlich all die Gerüche, Klänge, Worte und Geräusche jener Tage wieder da.

Ich blieb genau vierundzwanzig Stunden in Porto Empedocle, danach machte ich mich, gekleidet wie ein Deserteur der amerikanischen Armee, auf den Weg zurück nach Serradifalco.

Seltsamerweise brauchte ich wesentlich länger als auf der Hinfahrt, denn zwar waren die Sorge und Anspannung verflogen, nicht aber die Hitze und Erschöpfung. Der Zustand der Straßen hatte sich noch verschlechtert, unzählige alliierte Fahrzeuge waren darübergerollt, hatten weitere Löcher in den Asphalt gerissen und Metallstücke zurückgelassen. Doch mein wunderbares Fahrrad hatte auch auf der Rückfahrt nicht einen Platten. Treu und widerstandsfähig, wie es war, hatte es lediglich ein paar kleine Kratzer auf dem schwarzen Lack abbekommen – die einzigen Spuren einer Reise, die alles andere als leicht gewesen war.

Stolz gab ich es Tante Concettina wieder zurück, die, als sie es mir gegeben hatte, fest davon überzeugt war, dass sie es nie wiedersehen würde. Jahre später erfuhr ich, dass das Fahrrad in einem Handwerksbetrieb in Serradifalco hergestellt worden war.

Daher hielt ich es für angemessen, von meinem wertvollen, unersetzlichen Freund Zeugnis abzulegen und ihm zu danken. Denn dieser Freund war in jenen tragischen Tagen das Fahrrad der Firma Montante.

Patrick Süskind

Die unheimliche Kunst des Radfahrens

Mit siebeneinhalb Jahren lernte ich radfahren. Das war nicht eben früh, denn ich maß schon einen Meter fünfunddreißig, wog zweiunddreißig Kilo und hatte Schuhgröße zweiunddreißigeinhalb. Aber das Radfahren hat mich nie besonders interessiert. Diese schwankende Fortbewegungsweise auf nichts als zwei dünnen Rädern kam mir zutiefst unsolide, ja unheimlich vor, denn es konnte mir niemand erklären, weshalb ein Fahrrad im Ruhezustand sofort umfiel, wofern es nicht gestützt, angelehnt oder von jemandem festgehalten wurde – *nicht* aber umfallen sollte, wenn sich ein zweiunddreißig Kilogramm schwerer Mensch darauf setzte und ohne jede Stütze oder Anlehnung damit herumfuhr. Die diesem wundersamen Phänomen zugrundeliegenden Naturgesetze, nämlich die Kreiselgesetze und insbesondere der sogenannte mechanische Drehimpulserhaltungssatz, waren mir damals völlig unbekannt, und selbst heute begreife ich sie noch nicht ganz, und allein das Wort »mechanischer Drehimpulserhaltungssatz« ist mir nicht geheuer und verwirrt mich derart, dass eine bestimmte Stelle an meinem Hinterkopf zu kribbeln und zu klopfen anfängt.

Wahrscheinlich hätte ich das Radfahren überhaupt nicht gelernt, wenn es nicht unbedingt nötig gewesen wäre. Unbedingt nötig aber wurde es, weil ich Klavierstunden bekommen sollte. Und Klavierstunden konnte ich nur bei einer Klavierlehrerin bekommen, die am anderen Ende von Obernsee wohnte, wohin man zu Fuß über eine Stunde gebraucht hätte, mit dem Fahrrad jedoch – wie mir mein Bruder vorgerechnet hatte – in dreizehneinhalb Minuten gelangen konnte.

Diese Klavierlehrerin, bei der schon meine Mutter Klavierspielen gelernt hatte und meine Schwester und mein Bruder und überhaupt jeder Mensch in der ganzen Gemeinde, der auch nur auf eine Taste drücken konnte – von der Kirchenorgel bis zu Rita Stanglmeiers Akkordeon – ... diese Klavierlehrerin hieß Marie-Luise Funkel, und zwar *Fräulein* Marie-Luise Funkel. Auf dieses »Fräulein« legte sie allergrößten Wert, obwohl ich mein Lebtag kein weibliches Wesen gesehen habe, das weniger fräuleinhaft ausgesehen hätte als Marie-Luise Funkel. Sie war uralt, weißhaarig, bucklig, schrumpelig, hatte ein kleines schwarzes Bärtchen auf der Oberlippe und überhaupt keinen Busen. Ich weiß das, weil ich sie einmal im Unterhemd gesehen habe, als ich aus Versehen eine Stunde zu früh zum Unterricht kam und sie ihren Mittagsschlaf noch nicht beendet hatte. Da stand sie in der Haustür ihrer riesigen alten Villa, nur mit einem Rock und einem Unterhemd bekleidet, aber nicht etwa einem zarten, weiten, seidenen Unterhemd, wie es Damen wohl tragen mögen, sondern mit einem jener enganliegenden, achselfreien Baumwolltrikots, die wir Buben in der Turnstunde anhatten, und aus diesem Turnertrikothemd hingen ihre schrumpeligen Arme, ragte ihr dünner lederner Hals – und darunter war es flach und mager wie eine Hühnerbrust. Trotzdem bestand sie – wie gesagt – auf dem »Fräulein« vor dem »Funkel«, und zwar deshalb, weil – wie sie des Öfteren erklärte, ohne dass sie jemand danach gefragt hätte –, weil die Männer sonst denken könnten, sie sei schon verheiratet, wohingegen sie doch ein lediges Mädchen und noch zu haben sei. Diese Erklärung war natürlich nichts als barer Unsinn, denn den Mann, der die alte, schnurrbärtige, busenlose Marie-Luise Funkel geheiratet hätte, den gab es auf der ganzen Welt nicht.

In Wahrheit nannte sich Fräulein Funkel »Fräulein Funkel«, weil sie sich gar nicht »Frau Funkel« hätte nennen können, selbst wenn sie es gewollt hätte, denn es gab schon eine Frau Funkel … oder vielleicht sollte ich besser sagen: Es gab noch eine Frau Funkel. Fräulein Funkel hatte nämlich eine Mutter. Und wenn ich zuvor gesagt habe, dass Fräulein Funkel uralt gewesen sei, so weiß ich gar nicht, wie ich Frau Funkel nennen soll: steinalt, beinalt, knochenalt, baumalt, ururalt … Ich glaube, sie war mindestens hundert Jahre alt. So alt war Frau Funkel, dass man eigentlich sagen muss, sie sei nur noch in einem sehr eingeschränkten Sinn überhaupt vorhanden gewesen, mehr wie ein Möbel, mehr wie ein verstaubter präparierter Schmetterling oder wie eine zerbrechliche, dünne alte Vase als wie ein Mensch von Fleisch und Blut. Sie bewegte sich nicht, sie sprach nicht, wie viel sie hörte oder sah, weiß ich nicht, nie habe ich sie anders als sitzend gesehen. Und zwar saß sie – im Sommer von einem weißen Tüllkleid umsponnen, im Winter ganz von schwarzem Samt umhüllt, aus dem ihr Köpfchen schildkrötenhaft hervorstak – in einem Ohrensessel in der hintersten Ecke des Klavierzimmers unter einer Pendeluhr, stumm, unbewegt, unbeachtet. Nur in ganz, ganz seltenen Fällen, wenn ein Schüler seine Hausaufgaben besonders gut gelernt und seine

Czerny-Etüden fehlerlos vorgetragen hatte, pflegte Fräulein Funkel am Ende der Stunde in die Mitte des Zimmers zu gehen und von dort aus zum Ohrensessel hinüberzubrüllen: »Ma!« – sie nannte ihre Mutter ›Ma‹ – »Ma! Komm, gib dem Buben einen Keks, er hat so schön gespielt!« Und dann musste man quer durch das Zimmer in die Ecke gehen, sich dicht vor den Ohrensessel stellen und der alten Mumie die Hand entgegenstrecken. Und abermals brüllte Fräulein Funkel: »Gib dem Buben einen Keks, Ma!«, und dann kam, unbeschreiblich langsam, irgendwoher aus der Tüllumhüllung oder aus dem schwarzen Samtgewand eine bläuliche, zitternde, glaszarte Greisenhand hervor, wanderte, ohne dass die Augen oder der Schildkrötenkopf folgten, nach rechts über die Armlehne zu einem Beistelltischchen, auf dem eine Schale mit Gebäck stand, entnahm der Schale einen Keks, meist einen mit weißer Creme gefüllten, rechteckigen Waffelkeks, wanderte mit diesem Keks langsam zurück über den Tisch, über die Ohrensessellehne, über den Schoß hin zur aufgehaltenen Kinderhand und legte ihn dort mit knochigen Fingern hinein wie ein Stück Gold. Manchmal geschah es, dass sich dabei Kinderhand und Greisenfingerspitzen für einen kurzen Moment berührten, und man erschrak bis ins Mark, denn man war auf einen harten, fischkalten Kontakt gefasst, und es wurde eine warme, ja heiße und dabei unglaublich zarte, leichtgewichtige, flüchtige und dennoch schaudernmachende Berührung wie die eines Vogels, der einem aus der Hand entfliegt. Und man stammelte sein »Dankeschön, Frau Funkel« und machte, dass man wegkam, hinaus aus dem Zimmer, hinaus aus dem finsteren Haus, ins Freie hinaus, an die Luft, an die Sonne.

Ich weiß nicht mehr, wie lange ich brauchte, um die unheimliche Kunst des Radfahrens zu erlernen. Ich weiß nur noch, dass ich's mir selber beigebracht habe, mit einer Mischung aus Widerwillen und verbissenem Eifer, auf dem Fahrrad meiner Mutter, in einem leicht abschüssigen Hohlweg im Wald, wo mich keiner sehen konnte. Die Böschungen dieses Weges standen zu beiden Seiten so dicht und so steil, dass ich mich jederzeit abstützen konnte und ziemlich weich fiel, ins Laub oder in lockere Erde. Und irgendwann einmal, nach vielen, vielen gescheiterten Versuchen, fast überraschend plötzlich, hatte ich den Dreh raus. Ich bewegte mich, all meinen theoretischen Bedenken und meiner tiefen Skepsis zum Trotz, frei auf zwei Rädern: ein verblüffendes Gefühl und ein stolzes! Auf der Terrasse unseres Hauses und dem angrenzenden Rasen absolvierte ich vor versammelter Familie eine Probefahrt, wofür ich den Beifall meiner Eltern und das schrille Gelächter meiner Geschwister erntete. Anschließend wies mich mein Bruder in die wichtigsten Regeln der Straßenverkehrsordnung ein, zuvörderst in die Regel, immer strikt rechts zu fahren, wobei rechts als diejenige Seite definiert war, wo sich die Handbremse an der Lenkstange befand*, und von da an fuhr ich mutterseelenallein einmal in der Woche zu Fräulein Funkel in die Klavierstunde, Mittwochnachmittags von drei bis vier. Freilich, von den dreizehneinhalb Minuten, die mein Bruder zur

---

*Noch heute halte ich mich an diese einprägsame Definition, wenn ich in einem Zustand momentaner Verwirrung nicht mehr weiß, wo rechts oder links ist. Ich stelle mir dann einfach eine Fahrradlenkstange vor, betätige im Geist die Handbremse und bin wieder bestens orientiert. Fahrräder, die an beiden Seiten der Lenkstange eine Handbremse besitzen oder – schlimmer noch! – nur auf der linken Seite, würde ich niemals besteigen.

Bewältigung der Strecke veranschlagt hatte, konnte bei mir gar keine Rede sein. Mein Bruder war fünf Jahre älter als ich und besaß ein Fahrrad mit Rennlenker und Dreigangkettenschaltung. Ich hingegen radelte im Stehen auf dem viel zu großen Fahrrad meiner Mutter. Selbst wenn man den Sattel ganz herunterschraubte, konnte ich nicht gleichzeitig sitzen und in die Pedale treten, sondern nur entweder treten oder sitzen, was zu einer äußerst ineffizienten, ermüdenden und, wie mir bewusst war, auch durchaus lächerlich anzusehenden Fahrweise zwang: Im Stehen strampelnd musste ich das Rad auf Touren bringen, mich bei voller Fahrt in den Sattel wuchten, dort auf schwankendem Sitz mit weit abgespreizten oder hochgezogenen Beinen verharren, bis das Rad fast ausgerollt war, um dann wieder in die noch rotierenden Pedale zu steigen und erneut Schwung zu holen. Mit dieser schubweisen Technik schaffte ich den Weg von unserem Haus, den See entlang, durch Obernsee hindurch bis zur Villa von Fräulein Funkel in knapp zwanzig Minuten, wenn – ja, wenn nichts dazwischenkam! Und Zwischenfälle gab es viele. Es verhielt sich nämlich so, dass ich zwar fahren, lenken, bremsen, auf- und absteigen usw. konnte, nicht aber in der Lage war, zu überholen, mich überholen zu lassen oder jemandem zu begegnen. Sobald nur das leiseste Motorengeräusch eines sich von vorn oder hinten nähernden Autos zu hören war, bremste ich sofort, stieg ab und wartete so lange, bis der Wagen passiert war. Sobald andere Radfahrer vor mir auftauchten, hielt ich an und wartete, bis sie vorübergefahren waren. Beim Überholen eines Fußgängers stieg ich kurz hinter ihm ab, rannte, das Fahrrad schiebend, an ihm vorbei und radelte erst weiter, nachdem ich ihn weit hinter mir gelassen hatte. Ich musste eine vollkommen freie Strecke vor und hinter mir haben, um zu radeln, und es durfte mich möglichst niemand dabei beobachten. Schließlich war da noch, auf halbem Weg zwischen Unternsee und Obernsee, der Hund von Frau Dr. Hartlaub, ein widerlicher kleiner Terrier, der sich oft auf der Straße herumtrieb und auf alles, was Räder hatte, kläffend losstürzte. Seinen Angriffen konnte man nur entgehen, indem man das Fahrrad an den Straßenrand lenkte, es dort am Gartenzaun geschickt zum Halten brachte und sich an einer Zaunlatte festklammerte, um mit hochgezogenen Beinen auf dem Sattel kauernd so lange zu warten, bis Frau Dr. Hartlaub die Bestie zurückgepfiffen hatte. Es ist also kein Wunder, wenn mir unter diesen Umständen selbst zwanzig Minuten oft nicht ausreichten, den Weg ans andere Ende von Obernsee hinter mich zu bringen, und so hatte ich es mir zur Gewohnheit gemacht, sicherheitshalber schon um halb drei von zu Hause loszufahren, um einigermaßen pünktlich bei Fräulein Funkel einzutreffen.

Wenn ich vorhin erzählt habe, dass Fräulein Funkel gelegentlich ihre Mutter anwies, Kekse an die Schüler zu verteilen, so habe ich mit Bedacht hinzugefügt, dass das nur in ganz, ganz seltenen Fällen geschah. Üblich war es keineswegs, denn Fräulein Funkel war eine strenge Lehrerin und schwer zufriedenzustellen. Hatte man seine Hausaufgaben schlampig gelernt oder produzierte man beim Vom-Blatt-Lesen einen falschen Ton nach dem anderen, so begann sie bedrohlich mit dem Kopf zu wackeln, wurde rot übers ganze Gesicht, rempelte einen mit dem Ellenbogen in die Seite, schnippte wütend mit den Fingern in der Luft herum und brüllte plötzlich los, wobei sie wüste Beschimpfungen ausstieß. Die schlimmste derartige Szene erlebte ich etwa ein Jahr nach dem Beginn meines Unterrichts, und sie hat mich so sehr erschüttert, dass ich noch heute nicht ohne Erregung an sie zurückdenken kann.

Ich war zu spät gekommen, um zehn Minuten. Der Terrier von Frau Dr. Hartlaub hatte mich am Gartenzaun festgenagelt, zwei Autos waren mir begegnet, vier Fußgänger habe ich einholen müssen. Als ich bei Fräulein Funkel eintraf, lief sie bereits mit rotem, wackelndem Kopf im Zimmer auf und ab und schnippte mit den Fingern in der Luft herum.

»Weißt du, wie spät es ist?«, knurrte sie. Ich sagte nichts. Ich hatte keine Uhr. Ich bekam meine erste Armbanduhr zum dreizehnten Geburtstag.

»Da!«, rief sie und schnippte in Richtung Zimmerdecke, wo über der reglos dasitzenden Ma Funkel die Pendeluhr tickte. »Es ist gleich Viertel nach drei! Wo hast du dich schon wieder herumgetrieben?«

Ich begann etwas daherzustammeln von dem Hund von Frau Dr. Hartlaub, aber sie ließ mich gar nicht ausreden. »Hund!«, fiel sie mir ins Wort, »jaja, mit einem Hund gespielt! Eis wirst du gegessen haben! Ich kenne euch doch! Dauernd treibt ihr euch am Kiosk von Frau Hirt herum und habt nichts anderes im Sinn, als Eis zu schlecken!«

Das war nun eine fürchterliche Gemeinheit! Mir vorzuwerfen, ich hätte am Kiosk von Frau Hirt Eis gekauft! Wo ich noch nicht einmal Taschengeld bekam! Mein Bruder und seine Freunde, die machten solche Sachen. Die trugen ihr gesamtes Taschengeld zum Kiosk von Frau Hirt. Aber ich doch nicht! Ich musste jedes einzelne Eis meiner Mutter oder meiner Schwester mühsam abbetteln! Und nun wurde ich beschuldigt, ich hätte mich, statt im Schweiße meines Angesichts und unter größten Schwierigkeiten in die Klavierstunde zu radeln, eisschleckenderweise am Kiosk von Frau Hirt herumgetrieben! Vor so viel Niedertracht versagte mir die Sprache, und ich begann zu weinen.

Urs Widmer

Tessin

Wenn ich mich recht erinnere, ist Ascona eine schöne, alte, winklige Stadt mit rosa Häusern, Pergolas, Weintrauben, Palmen in großen, grünen Blumentöpfen, an einem See gelegen, denke ich auf meinem Fahrrad. Wir keuchen im kühlen Alpenwind die Gotthardstraße hoch. Im Tessin, hat man uns gesagt, werden Ballone abgeschossen und die Insassen verhaftet. Der Pilot fährt, in den Pedalen stehend, ziemlich weit vorne, zwischen Altschneefeldern und Felsklötzen. Ich stampfe einige Spitzkehren hinter ihm, ich rieche das hochsprühende Eiswasser der Reuss, die zur Teufelsbrücke hinunterrauscht, tief unter mir, über die jetzt gerade die dicke Frau radelt. Autos mit Wohnwagen fahren an mir vorbei. Ich wippe auf den Pedalen hin und her. In Ascona, denke ich, wohnen in allen Häusern deutsche Millionäre, die Kaufhausketten befehligen und Privatjets. Diese stehen auf dem Flugplatz von Mailand. Von dort fliegen die Industriellen mit einer zweimotorigen Piper nach Ascona, vom Flugplatz nach Hause fahren sie in einem silbergrauen Mercedes 350 SL. Sie verhandeln in der Abenddämmerung mit italienischen Bankiers, die in Schiffskoffern Lire über die Grenze schaffen, weil sie Angst vor den Kommunisten und, ein bisschen, vor den Faschisten haben. Das Tessin ist ein Sumpf, denke ich auf meinem Fahrrad, nur wer Geld hat, ersäuft hier nicht.

In den Tälern oben herrscht ein Elend, das man durch Landschaftsgärtnerei lindert. Die Bergbauern stehen mit Spritzkannen und Pinzetten im Alpengärtlein. Japaner fotografieren sie.

Einstmals war das Tessin ein Dorado für Schmuggler. Die Bräute ließen sich von Kollegen trösten, wenn der Geliebte in einem italienischen Kerker schmachtete. Wenn dieser dann aber zurückkam, bekam er einen herrlichen Risotto und eine Liebesnacht, an die er während vieler Schmuggelmärsche denken konnte. Die Schmuggler hatten Angst vor den Kugeln der Carabinieri, aber das Versprechen einer heißen Heimkehr machte ihnen Mut. O Schmuggler, wo seid ihr hin, denke ich auf meinem Fahrrad. Heute fahren sie mit Mercedessen mit doppelten Böden mit Heroin darin.

Rentiere wechselten von einer Talseite zur anderen, und die Urbergler standen auf dem Gotthard-Hospiz und kontrollierten die durchziehenden Säumer. Die, die ihnen nicht passten, stießen sie über die Teufelsbrücke in die tobenden Fluten der Reuss. Deutsche Säumer gelangten kaum je weiter, auch deutschschweizer nicht. Die Urbergler trugen Uniformen aus Ziegenfellen, sie hatten Rufe, die später die Jodler der Trachtenvereine wurden, sie trugen Federn von Adlern in den schwarzglänzenden Haaren. Wie hätten sie ahnen können, dass die Urner Jahrhunderte später Tunnels durch ihren Berg treiben würden, einen für Eisenbahnen, einen für Autos?

Der Ticino fließt das Tal hinunter. Oben ist er ein Bergbach, in dem sich Forellen tummeln, dann wird er ein brauner, breiter Bach, dann ein schwarzer, träger Fluss. Schöner ist es, den Bergkämmen entlangzugehen, das Tal tief unter sich. Oben liegt Schnee, durch den Soldanellen brechen, überall sind Spuren von Gemsen. Man kann ihnen durch den Harschschnee nachkriechen, wenn man schnell genug kriecht, erblickt man in den vordersten vier Spuren die Gemsen. Aber noch fliehen die Gemsen, wenn auch langsamer als früher. Es wird eine Zeit kommen, in der die Gemsen zum Angriff übergehen werden. Zu Tausenden, Zehntausenden werden sie in die Täler herunterkommen und die Automobilisten zertrampeln, die in Airolo ihre Autos vom Autoreisezug rollen. Ihre Schreie werden bis nach Bellinzona hinunter zu hören sein. Heute aber sind die Gemsen noch nicht so weit, sie warten auf die Murmeltiere, die jedoch zu verschlafen sind, zu ängstlich pfeifen und zu fett sind, denke ich auf meinem Fahrrad, die letzten Kehren vor dem Hospiz in Angriff nehmend.

In keinem der Tessiner Seen darf man baden. Wer seinen Fuß in den Lago Maggiore tut, kann zusehen, wie die Säuren ihm das Fleisch von den Knochen fressen. Es ist vorgekommen, dass mit Schmugglern kämpfende Polizeiboote gekentert sind. Minuten später zogen Polizistenkollegen Skelette aus dem Wasser, mit Käppis, an Maschinenpistolen geklammert. Die Schmuggler arbeiten heute mit verschobenen Eisenbahnwaggons, irgendwie stehen diese dann plötzlich auf dem Bahnhof von Olten, voller Haschisch und Eurodollars. Dann müssen die braungebrannten Schmuggler in den nebligen Norden fahren und ihren Waggon in Sicherheit bringen, denke ich auf meinem Fahrrad. Mein Atem geht rasselnd. Ich fahre in der kleinsten Übersetzung, aber ich habe, möglicherweise wegen dem vielen Ballonfahren, kein Training mehr. Früher bin ich die ganze Schweiz abgeradelt. Heiri Suter ist mit mir verwandt, zwar von fern, aber wer weiß heute noch, wer Heiri Suter ist?

Wenn im Tessin wenigstens das Grappatrinken noch etwas taugte! Der Grappa, einst ein Schnaps aus Trester, ist kein Schnaps aus Trester mehr. Es gibt kaum noch Trester. Seitdem die Italiener ihre Weine ohne Trauben herstellen, besteht auch der grüne Algenzweig, der in mancher Grappaflasche wächst, aus Plastik.

Wenn ein Millionär im Tessin ermordet wird, weiß niemand, warum, und niemand will es wissen. Es ist sein Risiko, hier zu leben. Wir tun es ja schließlich auch nicht. Es soll sogar Dichter geben, die unter Kastanienbäumen sitzend schreiben, in der Sonne, mit einem Blick über Palmen und glitzerndes Wasser. Ich glaube das nicht. Ich bin nicht neidisch, aber ich würde keine Zeile Prosa lesen, die im Tessin entstanden ist, denke ich auf meinem Fahrrad.

Die Urbergler, um auf sie zurückzukommen, haben in den obersten Bergregionen überlebt, oben im Bleniotal, in der Leventina, im hintersten Maggiatal. Man sieht sie nie, aber man sieht die Lawinen, die sie im Winter auslösen. Donnernd rollen sie ins Tal und verschütten einen TEE. Tagelang graben dann die SBB-Arbeiter, bis sie auf das Dach des Zugs stoßen. Sie schweißen ein Loch hinein. Die Gäste aus dem Norden sitzen erfroren im Speiseraum, mit verzerrten Fratzen. Die Arbeiter schaudert's. Sie schütten Benzin in den Zug und zünden es an. Die Presse wird ferngehalten, aber natürlich gelingt es doch einigen, die verkohlten Steuerflüchtlinge auf den Film zu bannen. Die Bergbauern wärmen sich in zweitausend Meter Höhe die Hände über der Hitzefahne, die vom Tal her hochsteigt Sie erinnern sich an ihre Ahnen,

die schon den Ureidgenossen Partisanenkämpfe geliefert haben. Es ist nicht sicher, ob sie diesen neuen Krieg gewinnen werden. Die Schweizer Luftwaffe ist mit Düsenflugzeugen ausgerüstet. Auch könnte sich die Schweiz einen amerikanischen Steuerberater leisten, einen, der in Saigon war.

Wir fahren mit dem Fahrrad, weil auch Autostopper im Tessin verhaftet werden. Wie Phönix aus der Asche kommen wir auf dem Gotthard-Hospiz an, völlig verschwitzt. Das Gotthard-Hospiz wäre einmal beinahe an einen deutschen Zigarettenfabrikanten verkauft worden, der die Mönchszellen in eine Gemeinschaftssauna umbauen wollte. »Phönix, was tat Phönix in der Asche?« Ich schaue die dicke Frau hilfesuchend an. Sie steht schweißüberströmt und verstaubt mit ihrem Fahrrad im Passhöhenwind. Sie zuckt ratlos mit den Schultern. »Wir haben ein falsches Bild verwendet, Entschuldigung«, sage ich in den Wind hinein. »Komm, wir trinken eine Ovomaltine.«

Wir sind natürlich völlig erschöpft. Es war eine saudumme Idee, die ganze Rampe hochzufahren, nur weil wir schnell im Tessin sein wollten. Selbst Eddy Merckx schiebt sein Rad zuweilen. Vor dem Teufelsfelsen machen wir ein Gruppenfoto, mit den Rädern. Weil die Straße kürzlich auf acht Spuren ausgebaut wurde, wurde der Teufelsfelsen um einige hundert Meter verschoben, obwohl er so groß wie ein Haus ist. Ich lege die Hand auf den heiligen Stein. Hurenzeug, denke ich, dieser Stein hat die ersten Urner mit ihren Hunnenhelmen gesehn, wie sie den Urtessinern die Köpfe einschlagen gegangen sind. Millionen wilder Winde sind um ihn gebraust. Nichts kann ihn erschüttern. Ich seufze. Ich habe ein idiotisches Rad für eine längere Tour, denke ich, so ein kleines, modernes, mit Minirädern und einer Übersetzung für Babys oder Schimpansen. Dabei bin ich doch nicht so schlecht in Form. Früher habe ich die ganze Schweiz auf einem englischen Stahlrad abgefahren, das zwei Tonnen wog. Wer es mir stehlen wollte, kam allenfalls hundert Meter weit, dann resignierte er. Ich packe mein neues Fahrrad und rücke die rotblaue Mütze zurecht, auf deren Schild »Rivella« steht. Ich nehme einen letzten Schluck Ovomaltine, dann, als ich sehe, was der Pilot in der Zwischenzeit trinkt, auch noch einen Schluck davon, dann schwingen wir uns in den Sattel und stürzen uns in die Tiefe, die Tremola hinunter.

So getrunken habe ich auf einer Fahrradtour noch nie, dabei sind wir noch kaum angekommen. Vielleicht habe ich Angst vor diesem Tal, in dem jeder Quadratmeter schön ist. Im Hundertkilometertempo stechen wir in die Kurven hinein. Ich liege so schräg, dass ich sekundenlang nur noch den Himmel sehe, die dicke Frau, die vor mir fährt, streift mit ihren über den Sattel quellenden Hinterbacken fast den Straßenbelag, und der Pilot rast so wild, dass ich den verbrannten Gummi bis hier rieche.

Hier machen die Zugmöwen die erste Rast, die, wenn sie nordwärts fliegen, von Genua herkommen. Die Genueser Möwen warten im Frühling, bis sie die Möwen aus Tunis und Tanger ankommen sehen. In einem großen schwarzen Pulk donnern diese übers Mittelmeer. Reiher, Wasserenten, Fliegende Fische, die in ihren Sog geraten, werden gnadenlos mitgerissen. Die Genueser Möwen hüpfen vor Begeisterung auf ihren Stummelbeinen herum, wenn sie die fernen Verwandten am Horizont erkennen. Sie empfangen sie mit wildem Schnattern. Für eine Nacht ist der Strand von Genua von Möwen überfüllt, alle Hafenmauern, Schiffsrelinge, Strandkörbe, Brückengeländer sind voll von Möwen. Sie erzählen sich, wie das Jahr war, und manche verkriechen sich in einen leeren Mastkorb und lieben sich mit einer Leidenschaft, wie sie nur eine Abschiedsnacht möglich macht. Glücklich, mit wehen Gliedern kommen sie wieder an den Strand, an dem die ganze Nacht über gesungen wird. Niemand macht ein Auge zu. Dann brechen die Genueser Möwen auf. In der ersten Morgensonne fliegen sie über die Poebene, ohne ein einziges Mal innezuhalten, eine schreckliche Masse wilder Vögel, die mit sich reißt, was ihnen in den Weg fliegt, Spottdrosseln, Elstern, Habichte.

Ein paar Schrotschüsse machen ihnen nichts aus. Sie fliegen über den Lago Maggiore, schon etwas ermüdet, sie haben alle zu wenig geschlafen. Sie fliegen über Lugano, über den Monte Ceneri, schon keuchend, über Bellinzona. Dann, hinter Bellinzona, machen sie die erste Rast. Zu Millionen sitzen sie an den Ufern des Ticino. Nun schlafen sie eine Nacht von vierzehn Stunden. Jetzt haben sie Angst, den Alpenüberflug nicht zu bewältigen und auf die Gletscher abzustürzen. Am nächsten Morgen brechen sie auf, stumm, entschlossen, und die Singvögel des Landes trauen sich wieder aus ihren Astlöchern. Die Möwen fliegen in Formation das Tal hoch, über Airolo hinweg, höher, immer höher. Vorne fliegen die Alttiere, die den Weg nach Norden schon mehrmals gemacht haben, dann kommen die Frauen, dann die Jungen, die sich jeden Stein mit ihrem innern Radar merken. Die Luft wird immer dünner, kälter, eisiger. Über der Passhöhe schließen die Möwen geblendet die Augen, sie ertragen das gleißende Licht der Gletscher nicht. Blind überfliegen sie das Hospiz, blind auch, weil sie nicht sehen wollen, wie viele ihrer Freunde plötzlich aufhören mit dem Bewegen ihrer Flügel und wie Steine nach unten stürzen, schluchzend, tot. Auf dem Weg nach unten, auf den Vierwaldstättersee zu, lassen sich die Möwen dann treiben, wie Segler. Ihre Herzen rasen, ein wahnsinniges Gefühl von Wärme durchzieht sie, wenn sie sich auf die Uferfelsen setzen, der Axenstraße entlang. Dann fliegen sie weiter, nach Basel, nach Frankfurt, nach Hamburg, wo die Möwen aus dem höchsten Norden auf sie warten. Es gibt eine wilde Nacht. Am nächsten Morgen machen sich die Nordmöwen auf den Weg, weil sie den Sommer nicht an der heißen Elbe, sondern in Spitzbergen verbringen wollen, denke ich auf meinem Fahrrad. Jetzt haben wir die steilsten Rampen hinter uns und radeln zwischen rosa angestrichenen Häusern dahin, die beinahe unter Weinranken verschwinden. Die Sonne scheint. Wir schwitzen, aber das Fahren ist jetzt nicht mehr anstrengend. Ich singe ein Lied, das ich in der Schule gelernt habe, *Addio la caserma.*

Mit der Glocke klingle ich den Rhythmus dazu. Wir wollen heute noch nach Ascona, auf den Zeltplatz. Etwas anderes können wir uns in diesem Tessin sicher nicht leisten, denke ich. Wir wollten auch einmal reich werden, aber, ich weiß nicht, warum, irgendwie hat es sich nicht ergeben. Vielleicht haben wir die falschen Berufe ergriffen. Vielleicht hätte der Pilot Spielbankinhaber, die dicke Frau Animierfrau und ich Croupier werden sollen. Dann hätten wir die Puddingfabrikanten aus dem Tessin nach Strich und Faden ausgenommen, in unserm Casino in Melide, und die Fabrikanten hätten noch nicht einmal gemerkt, dass die jungen Frauen, mit denen sie sich über die finanziellen Verluste hinwegtrösten wollten, auch Angestellte von uns gewesen wären, mit einem Fixum und prozentualer Beteiligung, denke ich. An einem heftigen Rumpeln unter mir spüre ich, dass ich einen Plattfuß habe. Ich rufe. Wir halten am Straßenrand. Kopfschüttelnd schaue ich mir den Reifen an. Ich stelle das Fahrrad auf den Kopf. Ich nehme die beiden Metallklammern aus der Reparaturtasche an meinem Sattel und fahre damit zwischen Mantel und Felge. Der Mantel lässt sich abheben, wie früher. Ich hänge die Klammern in die Speichen ein, dann hole ich den Schlauch heraus. Wasser, jetzt brauche ich einen Bottich Wasser. Wir schauen uns ratlos an. Schließlich trage ich das Rad über eine Wiese zum Ticino hinunter, ich lege es am Ufer hin, pumpe den defekten Schlauch auf und halte ihn ins Wasser. Ich sehe kleine Blasen aufsteigen. Ich merke mir die Stelle, so gut ich kann, dann hole ich einen Flick und Gummilösung aus der Reparaturtasche. Ich schmiere Gummilösung auf Flick und Schlauch, presse den Flick auf die schadhafte Stelle und zähle bis dreißig. Dann lasse ich los. Wir setzen uns ins Gras und schauen über das Wetter hin ans andere Ufer. Überall wachsen Kastanienbäume. »Wir könnten uns Maroni braten«, sage ich, »die schmecken herrlich.« Der Pilot watet mit einer leeren Plastiktüte durchs Wasser, die dicke Frau macht aus Schwemmholz ein Feuer. Ich stoße den Schlauch unter den Mantel zurück und pumpe den Reifen auf. Dann sitzen wir wie die Urbergler um unser Feuer herum und essen schwarzgekohlte, innen goldgelbe Kastanien. Ich habe mir eine Hühnerfeder in die Haare gesteckt, ich schaue zu den Bergen hoch und versuche einen Ruf. Ich lausche. Nach einer langen Zeit nehme ich die Flasche des Piloten und trinke daraus. Ich lege mich auf den Rücken. Hoch am Himmel sehe ich unglaublich viele Vögel talaufwärts ziehen. Ich schlafe ein.

Ich träume, dass ich über die Magadinoebene gehe, in einem Indianerkostüm. Vor mir liegt die schwarze Silhouette von Ascona. Mein Herz klopft. Ich spüre, dass meine Füße immer schwerer werden, dann sehe ich, dass die Ebene aus Sumpfboden besteht. Immer tiefer sinke ich ein, immer schwerer ist es, die Füße überhaupt herauszuheben aus dem Schlamm. Ein dicker Mann mit einer Zigarre im Mund trabt leichtfüßig neben mir her. Für zehntausend Franken trage ich dich über den Sumpf nach Ascona, ruft er mir zu, es ist ein Freundschaftspreis. Ich stülpe meine Hosentaschen um und zeige ihm, was drin ist: ein Block, ein Bleistift, eine Schnur. Er schüttelt bedauernd den Kopf, ich sehe, wie er davoneilt, mit einem Diplomatenköfferchen in der Hand.

Als wir uns hochrappeln, ist es schon beinahe Abend. Wir sind irgendwo in der Gegend von Taverne. Stumm stampfen wir dann mit unsern Fahrrädern über die Magadinoebene, bis wir im Licht der untergehenden Sonne Ascona vor uns sehen. Wir sind erschöpft. Hier wollen wir eine Woche bleiben und uns erholen. Wir wollen schwimmen und Ausflüge in die Täler machen. Heute Abend wollen wir eine Polenta essen. Ich biege in den Weg zum Campingplatz ein, mit summendem Dynamo. Zuerst will uns der Mann an der Kasse gar nicht hereinlassen, er sagt, der Platz sei überfüllt und ausgebucht bis 1988. Dann aber lässt er sich doch überzeugen, dass wir weder einen Mercedes noch einen Wohnwagen haben. Er weist uns einen Platz in einer Ecke an, Nummer 347. Wir stellen unser Dreierzelt auf. Unsere Campingnachbarn helfen uns mit Gummihämmern und Butangaslampen. Am Kiosk kaufen wir Polenta in Tüten, Tomatensoße und Luganighetti. Wir kochen sie auf unserm Spirituskocher. Sie schmecken sehr gut. Dann schwimmen wir in der Dunkelheit im See. Es ist herrlich. Wir ignorieren die Rufe der Campingnachbarn vom Ufer her. Dann gehen wir duschen. Unter dem sanften Rauschen der Palmen schlafen wir ein. Ich höre, wie die dicke Frau neben mir auf ihrem Körper herumklatscht, weil sie Mücken nicht mag. Dann schlafe ich ein.

Henry Miller

Mein bester Freund

Ob man es glaubt oder nicht: Das war mein Fahrrad. Dieses, von dem ich spreche, hatte ich im Madison Square Garden gekauft, nach einem Sechstagerennen. Es war in Chemnitz, Böhmen, hergestellt, und der Sechstage-Fahrer, dem es gehörte, war, glaube ich, ein Deutscher. Es unterschied sich von anderen Rennrädern dadurch, dass die Lenkstange schräg zu den Handgriffen hinunterführte.

Ich hatte zwei andere Räder amerikanischer Fabrikation. Die lieh ich meinen Freunden aus, wenn sie eines brauchten. Auf dem aus dem Garden fuhr nur ich selbst. Es war für mich wie ein geliebtes Haustier. Und warum nicht? Hatte es mich nicht durch alle meine Zeiten der Unruhe und Verzweiflung gebracht?

Ja, ich machte eine Liebe durch, eine erste Liebe, und etwas Katastrophaleres gibt es ja bekanntermaßen nicht. Meine Freunde waren verärgert und ließen mich einer nach dem anderen im Stich oder umgekehrt. Ich war unglücklich und allein. Ob meine Eltern meine traurige Lage kannten, weiß ich nicht mehr, aber ich bin sicher, sie wussten, dass mir etwas zu schaffen machte. Dieses »etwas« war eine schöne junge Frau namens Una Gifford, die ich auf der Highschool kennengelernt hatte.

Wie ich an anderer Stelle gesagt habe, waren wir solch un-

schuldige Wesen, dass wir uns vielleicht zwei- oder dreimal
küssten – auf einer Party zum Beispiel, niemals anderswo.
Obwohl wir beide Telefon hatten, haben wir nie miteinander
telefoniert. Warum, frage ich mich. (Weil es zu ungehörig gewesen wäre, vielleicht.) Wir haben einander geschrieben, ja,
aber in langen Abständen. Ich erinnere mich, wie ich jeden
Tag, wenn ich heimkam, zuerst zum Kaminsims ging, wo
die Post hingelegt wurde, und fast immer grüßte mich dort
eine gähnende Leere.

Es war die Zeit, als ich fast ständig auf Arbeitssuche war
(vergeblich). In Wirklichkeit sah ich mir einen Film oder eine
Tingeltangelvorstellung an (wenn ich es mir leisten konnte).
Dann hörte ich plötzlich auf damit und tat *nichts.* Nichts als
Rad fahren. Oft war ich sozusagen von morgens bis abends
im Sattel. Ich fuhr überallhin, und gewöhnlich in recht flot-
tem Tempo. An manchen Tagen begegnete ich beim Brunnen im Prospect Park einigen Sechstage-Fahrern. Sie erlaub-
ten mir, ihnen auf der leichten Strecke, die vom Park nach
Coney Island führte, das Tempo vorzugeben.

Ich besuchte Orte, an denen ich früher oft gewesen war –
Bensonhurst, Ulmer Park, Sheepshead Bay, Coney Island.
Und wie unterschiedlich sich auch die Umgebung darbie-
tet, ständig denke ich an *sie.* Warum schreibt sie mir nicht?
Wann wird die nächste Party sein? Usw., usw. Nie hatte ich
dabei obszöne Gedanken, nie träumte ich davon, eines Tages mit ihr zu vögeln oder sie auch nur zu betasten. Nein,
sie war wie die Prinzessin im Märchen – unberührbar selbst
im Traum.

Auch kam es mir nie in den Sinn, nach Greenspoint zu
fahren, wo sie wohnte, vielleicht ihre Straße hinauf- und

hinunterzufahren in der Hoffnung, einen flüchtigen Blick auf sie zu werfen. Nein, ich fuhr zu den entlegenen Orten, mit denen sich für mich Erinnerungen an die Kindheit verbanden – und an glückliche Tage.

Ich dachte an jene idyllischen Zeiten, wehmütig, mit schwerem Herzen. Wo waren sie jetzt, diese teuren Gefährten meiner frühen Jugend? Machten sie auch solche Qualen durch wie ich – oder war der eine oder andere vielleicht schon verheiratet?

Manchmal, nach der Lektüre eines guten Buches, dachte ich an nichts anderes als an die Figuren, die in diesem Buch vorkamen. Die Figuren, die mir am meisten durch den Kopf gingen, stammten gewöhnlich aus Dostojewskis Romanen, vor allem aus *Der Idiot, Die Brüder Karamasow* und *Die Dämonen.* Sie waren sogar für mich keine Figuren aus Büchern mehr, sondern lebendige Gestalten, Personen, die in meinen Träumen auftauchten. So musste ich etwa, wenn ich an eine absurde Gestalt wie Smerdyakow dachte, plötzlich laut lachen – nur um mich gleich darauf zur Ordnung zu rufen und meine Gedanken *ihr* zuzuwenden. Ich wurde sie einfach nicht los. Ich war von ihr besessen, fasziniert, verlassen. Wäre sie mir infolge eines ganz großen Zufalls in die Arme gelaufen, ich hätte keine Silbe herausgebracht.

Gewiss, alle Jubeljahre einmal bekam ich einen Brief von ihr, gewöhnlich aus einem Urlaubsort, wo sie ihre Sommerferien verbrachte. Es war immer ein kurzer Brief, in konventionellen Worten abgefasst – und für meine Begriffe bar jeden Gefühls. Und meine Antwort fiel dann entsprechend aus, obwohl mir das Herz dabei brach.

Gebrochene Herzen! Das war ein Thema, dem ich mich

ganz hingab. Litten andere meines Alters die gleichen Qualen? War eine erste Liebe immer so schmerzhaft, misslich und trostlos? War ich vielleicht ein besonderer Fall, ein »Romantiker« reinsten Wassers? Die Antworten auf diese Fragen standen gewöhnlich auf den Gesichtern meiner Freunde geschrieben. Sowie ich *ihren* Namen erwähnte, wurde mir ein Blick völligen Desinteresses zuteil. »Denkst du noch immer an sie?« – »Hast du noch nicht genug?« Und so weiter. Wie dumm kann sich einer nur benehmen, und auch noch wegen eines Mädchens – dieser Gedanke schwang in ihrer Reaktion mit.

Während wir dahinrollten (ich und mein Double), ging ich diese fundamentalen Tatsachen durch, vorwärts und rückwärts. Es war wie die Beschäftigung mit einem algebraischen Lehrsatz. Und kein einziges Mal begegnete ich einer mitfühlenden Seele. Ich fühlte mich so allein, dass ich mein Rad meinen Freund nannte. Ich führte stumme Gespräche mit ihm. Und natürlich ließ ich ihm die beste Pflege angedeihen. Wenn ich nach Hause zurückkehrte, stellte ich es jedes Mal auf Lenker und Sattel, holte einen sauberen Lappen und polierte Naben und Speichen. Dann reinigte ich die Kette und fettete sie frisch ein. Dabei bleiben hässliche Flecken auf den Steinen des Gehwegs zurück. Meine Mutter beklagte sich und bat mich, doch vorher Zeitungspapier unterzulegen. Manchmal regte sie sich so sehr auf, dass sie voller Sarkasmus sagte: »Ich wundere mich nur, dass du das Ding nicht ins Bett nimmst!« Worauf ich zurückgab: »Das würde ich auch, wenn ich ein anständiges Bett hätte, das groß genug ist.«

Das war ein weiterer Übelstand, mit dem ich mich abfinden musste – kein eigenes Zimmer. Ich schlief in einem kleinen Flurschlafzimmer, dessen einziger Schmuck ein Rouleau gegen das frühmorgendliche Licht war. Wenn ich ein Buch las, dann am Esszimmertisch. Das Wohnzimmer benutzte ich nur, um Platten zu spielen. Wenn ich dort (im düsteren Wohnzimmer) meinen Lieblingsplatten lauschte, packte mich der Liebeskummer immer am ärgsten. Jede meiner Platten, die ich auflegte, vertiefte meine Qualen. Am meisten – von der Ekstase bis zur absoluten Verzweiflung – bewegte mich der jüdische Kantor Sirota. Nach ihm kam Amato, der Bariton von der Metropolitan Opera. Und auf diesen folgten Caruso und der beliebte irische Tenor John McCormack.

Ich kümmerte mich um mein Rad wie ein anderer sich um seinen Rolls-Royce. Bei größeren Reparaturen brachte ich es immer in dasselbe Geschäft an der Myrtle Avenue, das einem Neger namens Ed Perry gehörte. Er fasste mein Rad sozusagen mit Samthandschuhen an. Er sorgte stets dafür, dass weder das Vorder- noch das Hinterrad wackelte. Oft nahm er kein Geld von mir, weil er, wie er es ausdrückte, keinen anderen kannte, der sein Rad so sehr liebte wie ich.

Es gab Straßen, die ich mied, und Straßen, die ich bevorzugte. In manchen Straßen gab mir die Architektur einen richtigen Aufschwung. Es gab ruhige Straßen und heruntergekommene Straßen, reizvolle und auch grässlich langweilige Straßen. (Hat nicht Whitman irgendwo gesagt: »Architektur ist, was man ihr antut, wenn man sie ansieht«?) Als leidenschaftlicher Fußgänger war ich in der Lage, einen komplizierten inneren Dialog zu führen und mir gleichzeitig der Szenerie bewusst zu sein, durch die ich mich bewegte. Radfahren war ein wenig anders; da musste ich schon aufpassen, wenn ich nicht stürzen wollte.

Etwa um diese Zeit war Frank Kramer der Rennchampion, den ich natürlich vergötterte. Einmal gelang es mir, ihm bei einem seiner Übungsrennen vom Prospect Park nach Coney Island auf den Fersen zu bleiben. Ich erinnere mich, dass er mir auf den Rücken klopfte, als ich ihn einholte, und sagte: »Tadellos, junger Mann – machen Sie so weiter!« Das war sozusagen ein Sonntag in meinem Leben. Ausnahmsweise einmal vergaß ich Una Gifford und gab mich ganz dem Traum hin, dass ich eines Tages im Madison Square Garden fahren würde, zusammen mit Walter Rutt, Eddie Root, Oscar Egg und anderen berühmten Rennfahrern.

Nach einiger Zeit, daran gewöhnt, so viele Stunden auf dem Rad zu verbringen, interessierte ich mich immer weniger für meine Freunde. Mein Rad war jetzt zu meinem einzigen Freund geworden. Ich konnte mich auf ihn verlassen, was ich von meinen Kumpels nicht behaupten konnte. Es ist zu schade, dass mich niemand mit meinem »Freund« fotografiert hat. Ich gäbe alles darum, wüsste ich jetzt, wie wir zusammen ausgesehen haben.

In Paris besorgte ich mir Jahre später ein anderes Fahrrad, aber das war ein Allerweltsmodell, mit Rücktrittbremse. Wollte man langsamer fahren, musste man sich der Beine bedienen. Ich hätte mir Handbremsen anbringen lassen können, aber dann hätte ich mich wie ein Waschlappen gefühlt. Es war gefährlich und aufregend, in Höchstgeschwindigkeit durch die Straßen der Stadt zu rasen. Glücklicherweise gab es damals noch nicht viele Autos. In der Hauptsache musste man auf Kinder aufpassen, die mitten auf der Straße spielten.

Mütter schärften ihren Kindern ein, vorsichtig zu sein und auf diesen verrückten jungen Mann aufzupassen, der da durch die Straßen spurtete. Mit anderen Worten, ich wurde zum Schrecken der ganzen Nachbarschaft.

Ich war sowohl ein Schrecken wie ein Ergötzen – die Kleinen rannten alle zu ihren Eltern und wollten auch so ein Fahrrad haben.

Wie lange kann das Herz schmerzen, ohne zu brechen? Ich habe keine Ahnung. Ich weiß nur, dass ich eine strapaziöse Zeit mitmachte, als ich ein Mädchen *in absentia* verehrte. Sogar an meinem 21. Geburtstag – einem großen Ereignis in meinem Leben – saß ich in einiger Entfernung von ihr, zu schüchtern, um den Mund aufzumachen und ihr von meiner Liebe zu erzählen. Zum letzten Mal sah ich sie kurz danach, als ich mich mit meinem ganzen Mut dazu aufraffte, an ihrer Tür zu klingeln und ihr zu sagen, dass ich nach Juneau, Alaska, aufbrach, um unter die Goldwäscher zu gehen.

Schwerer fast fiel es mir, mich von meinem Rad aus Chemnitz zu trennen. Ich muss es einem meiner Kumpels gegeben haben, aber wem, das weiß ich nicht mehr.

René Goscinny

Der kleine Nick und sein Fahrrad

Papa wollte mir nie ein Fahrrad kaufen. Er hat gesagt, Kinder sind zu unvorsichtig und machen Kunststücke auf dem Rad und dann verletzen sie sich und das Fahrrad ist hinüber. Ich habe gesagt, ich bin bestimmt vorsichtig, und ich war böse mit Papa und habe geweint. Ich habe gesagt, ich geh weg von zu Hause, ganz weit weg, und da hat Papa schließlich gesagt, na ja, mal sehen, wenn du in der Rechenarbeit unter den zehn Ersten bist, bekommst du dein Fahrrad.

Wie ich gestern aus der Schule gekommen bin, bin ich sehr froh gewesen, weil meine Rechenarbeit die zehntbeste war. Papa hat große Augen gemacht und hat gesagt: »Donnerwetter – also wirklich – Donnerwetter!« Und Mama hat mir einen Kuss gegeben und hat gesagt: »Jetzt kauft dir Papa auch ein Fahrrad, und es ist schön von dir, dass du eine so gute Rechenarbeit geschrieben hast.« Ich habe aber auch wirklich Glück gehabt, denn wir waren nur elf, die die Arbeit mitgeschrieben haben, die andern hatten Grippe, und der Elfte, das war Chlodwig und der ist immer der Schlechteste, aber bei ihm macht es nichts, nämlich er hat schon ein Fahrrad. Wie ich heute nach Hause gekommen bin, standen Papa und Mama im Garten und sie haben gestrahlt.

»Wir haben eine große Überraschung für unseren großen

Jungen!«, hat Mama gesagt. Sie hat mit den Augen gezwinkert und Papa ist in die Garage gegangen und ihr könnt euch nicht vorstellen, was er rausgeholt hat: ein Fahrrad! Rot und silbern und es hat nur so geblitzt und gefunkelt und eine Lampe ist auch dran und eine Klingel! Toll! Ich bin hingerannt und habe Mama einen Kuss gegeben und Papa einen Kuss gegeben und dem Fahrrad. »Du musst mir aber versprechen, vorsichtig zu sein und keine Kunststücke zu machen mit dem Rad«, hat Papa gesagt. Ich habe alles versprochen und Mama hat gesagt, ich bin ihr großer Junge und sie macht Schokoladencreme zum Nachtisch, und sie ist in die Küche gegangen. Meine Mama und mein Papa, die sind ganz prima! Papa, der ist bei mir im Garten geblieben. »Weißt du eigentlich, dass ich mal beinah so was wie ein Landesmeister im Radrennfahren war? Wenn ich deine Mutter nicht kennengelernt hätte, wäre ich möglicherweise Profi geworden.« Das hatte ich nicht gewusst. Ich weiß schon, dass Papa ein toller Fußball- und Rugbystar gewesen ist und ein klasse Schwimmer und beinah so was wie ein Provinz-Champion im Boxen, aber mit dem Fahrrad, das war mir neu. »Pass mal auf, ich denke, ich kann's noch«, hat Papa gesagt und er hat sich auf mein Fahrrad gesetzt und hat Kurven gedreht im Garten. Das Fahrrad war natürlich viel zu klein für ihn und er ist immer mit den Knien bis ans Kinn gekommen, aber dann ist er ganz gut damit fertig geworden.

»So ein lächerliches Schauspiel ist mir schon lange nicht geboten worden – das heißt, seit dem letzten Mal, dass ich dich getroffen habe«, hat jemand über die Hecke gerufen, und das war Herr Bleder. Herr Bleder ist unser Nachbar und er macht sich gerne lustig über meinen Papa. »Halt die Luft an«, hat mein Papa gesagt, »du verstehst ja doch nichts vom Radfahren.« – »Was?«, hat Herr Bleder gerufen. »Ich hab als Landesmeister an den Endläufen um die Meisterschaft der Amateure teilgenommen – merk dir das, du armer Anfänger! Und ich wäre Profi geworden, wenn ich meine Frau nicht kennengelernt hätte.« Papa hat angefangen zu lachen: »Du und Landesmeister! Mach dich doch nicht lächerlich! Du kannst dich ja kaum auf einem Dreirad halten.« Das hat Herrn Bleder nun gar nicht gefallen. Er ist über die Hecke ge- sprungen und hat gesagt: »Du wirst schon sehen – gib mir mal das Fahrrad her«, und er hat nach der Lenkstange ge- griffen. »Wer hat dich denn überhaupt gerufen«, hat Papa gesagt. »Hau ab und verzieh dich in deinen Bau, verstehst du?« – »Du hast ja bloß Angst, dass ich dich vor deinem unglückseligen Kind blamiere«, hat Herr Bleder gesagt. »Ach, sei still, du gehst mir auf die Nerven«, hat Papa ge- sagt. Er hat Herrn Bleder das Fahrrad aus der Hand geris- sen und ist wie wild durch den Garten gefahren. »Zum Pie- pen«, hat Herr Bleder gerufen und Papa hat geantwortet, so was berührt ihn gar nicht.

Ich bin hinter Papa hergelaufen und habe ihn gefragt, ob ich denn jetzt auch mal auf meinem Fahrrad fahren darf, aber er hat gar nicht gehört, weil Herr Bleder wieder ange- fangen hat zu sticheln, und Papa ist ins Schleudern gekom- men und ist durch die Begonien gefahren. »Was hast du so dämlich zu lachen?«, hat Papa gefragt. »Darf ich jetzt mal?«, hab ich gefragt. »Ich lache, wenn's mir Spaß macht«, hat Herr Bleder gesagt. »Es ist aber doch mein Fahrrad«, hab ich ge- rufen. »Du bist nicht ganz bei Verstand, mein armer Freund«, hat Papa gesagt. »Ach nee?«, hat Herr Bleder gefragt. »Nein, wirklich nicht«, hat Papa geantwortet und Herr Bleder ist auf Papa losgegangen und hat ihn gestoßen und Papa ist in das Begonienbeet gefallen, mit meinem Fahrrad. »Mein Rad«, habe ich geschrien. Papa ist aufgestanden und hat Herrn Bleder gestoßen und da ist aber Herr Bleder hingefallen und er hat gesagt: »Also nein – das ist ja wohl die Höhe.«

Als sie endlich aufgehört haben, sich zu stoßen, hat Herr Bleder gesagt: »Ich hab eine Idee: Ich fahre eine Runde nach der Stoppuhr, einmal rund um den Block – und dann werden wir ja sehen, wer von uns besser fährt.« – »Kommt nicht in Frage«, hat Papa gesagt, »du fährst keinen Meter mit Nicks Rad. Du bist viel zu dick und du machst das Fahrrad nur kaputt.« – »Feigling«, hat Herr Bleder gesagt. »Feigling? Ich?«, hat Papa gerufen. »Warte nur, ich werd dir's beweisen!« Papa hat das Fahrrad genommen und ist auf den Bürgersteig rausgegangen. Herr Bleder und ich sind mit raus. Mir hat's ja allmählich gereicht – ich hatte noch keine Sekunde auf meinem Fahrrad gesessen! »So, bitte«, hat Papa gesagt, »jeder macht eine Runde um den Block, wir stellen die Zeit fest, und wer gewinnt, der ist Meister. Für mich ist das ja nur eine Formalität. Die Partie ist jetzt schon gewonnen.« – »Gut, dass du deine Niederlage schon einsiehst«, hat Herr Bleder gesagt. »Und ich? Was soll ich machen?«, hab ich gefragt. Papa hat sich ganz erstaunt zu mir umgedreht, ich glaube, er hatte ganz vergessen, dass ich da war. »Du?«, hat Papa gefragt. »Du? Ach so, natürlich. Du bist der Zeitnehmer, Herr Bleder gibt dir seine Uhr.« Aber der Herr Bleder hat mir seine Uhr nicht geben wollen, er hat gesagt, Kinder machen immer alles kaputt, und da hat Papa gesagt, er ist ein Geizhals, und hat mir seine Uhr gegeben

– die prima Uhr mit dem großen Zeiger, der ganz schnell rumläuft. Aber ich hätte lieber mein Fahrrad gehabt. Papa und Herr Bleder haben Hölzchen gezogen und Herr Bleder war Erster. Es stimmt schon, dass er sehr dick ist, und man konnte mein Fahrrad fast nicht mehr sehen und die Leute auf der Straße haben sich umgedreht und haben gelacht, als er abfuhr, der Herr Bleder. Er ist nicht besonders schnell gefahren, aber dann ist er um die Ecke gebogen und ich hab ihn nicht mehr sehen können. Als er von der anderen Seite her ankam, war er ganz rot und er hatte die Zunge zwischen den Zähnen und fuhr ganz toll im Zickzack. »Wie viel?«, hat er gefragt, als er an mir vorbei war. »Neun Minuten – und der große Zeiger steht zwischen fünf und sechs«, hab ich gesagt. Papa hat gelacht und hat gesagt: »Hoho, mein Alter, die Tour de France dauert sechs Monate, wenn du mit-fährst! – »Ehe du dich zu solchen kindischen Bemerkun-gen hinreißen lässt«, hat Herr Bleder gesagt und er hat kaum mehr Atem holen können, »solltest du versuchen, es besser zu machen.« Papa hat das Fahrrad genommen und ist los.

Herr Bleder hat mächtig geatmet, und er und ich, wir haben auf die Uhr gesehen und haben gewartet. Ich hätte ja gern gehabt, dass Papa gewinnt, aber die Uhr war schon über neun Minuten raus und auf einmal waren's zehn Minuten. »Gewonnen«, hat Herr Bleder gerufen. »Ich bin Meister!«

Nach fünfzehn Minuten war Papa immer noch nicht zu sehen. »Komisch«, hat Herr Bleder gesagt, »man müsste di-rekt mal nachsehen, ob was passiert ist.« Aber da haben wir Papa kommen sehen. Er ist zu Fuß gegangen. Seine Hose war ganz zerrissen und er hielt sich das Taschentuch vor die Nase und das Fahrrad zog er hinter sich her. Das Fahrrad hatte die Lenkstange quer stehen, das Vorderrad war ganz verbogen und die Lampe war auch kaputt. »Ich bin gegen einen Mülleimer gefahren«, hat Papa gesagt.

Am nächsten Tag in der großen Pause habe ich Chlodwig die Geschichte erzählt. Er sagte, ihm ist genau dasselbe passiert mit seinem ersten Fahrrad.

»Da kann man nichts machen«, hat er gesagt, der Chlodwig, »das ist immer dasselbe mit den Vätern. Sie machen dummes Zeug und wenn man nicht aufpasst, fahren sie das Rad in tausend Stücke und brechen sich noch die Gräten dabei.«

Martin Suter

Ergometer

Benders Befürchtungen, er könnte durch seine geschönten Angaben seine Gesundheit gefährden, stellen sich als unbegründet heraus. Die Pedale des Crosstrainers bieten wenig Widerstand, und wenn er mit den Hebeln für die Armarbeit ein wenig nachhilft, geht er wie durch warme Butter.

Vielleicht ist es sogar ein Vorteil, dass er mehr wiegt, als er angegeben hat. Was andere mit der Muskelkraft machen müssen, macht er mit dem Gewicht.

Bender tritt unangestrengt weiter. Schade, dass er sich nicht in dem großen Spiegel sehen kann, er hat nämlich das Gefühl, dass sein runder, harmonischer Bewegungsablauf ziemlich ästhetisch aussieht. Das schließt er auch daraus, dass er den Blick von Monika, der blonden Trainerin, auf sich ruhen spürt.

Er schaut an sich herunter und findet, dass sich sein Bauch gar nicht so schlecht in die Gesamtproportion einschmiegt, vor allem in diesem Trainingsanzug, der übrigens gar nicht so neu wirkt, wie er befürchtet hatte.

Ein Piepsen schreckt ihn aus seinen Gedanken auf. Bender nimmt mit Genugtuung zur Kenntnis, dass er sich jetzt in seinem Puls-Zielbereich befindet. Nach einer Minute zehn! Manch ein Jüngerer und Schlankerer hätte länger gebraucht, um in diesen Bereich vorzustoßen.

»Alles okay?«, fragt Monika, schaut auf die Bedienungs-konsole und geht weiter.

»Alles cool«, antwortet Bender lächelnd und blickt ihr nach. Interessant, denkt er noch, sie trägt den Tanga über der Hose. Aber dann verlangt die Maschine seine ganze Auf-merksamkeit. Seine Oberschenkel beginnen zu schmerzen wie früher auf den Fahrradtouren mit den Pfadfindern, und er hat Mühe, seinen Atem kontrolliert und leicht erscheinen zu lassen. Die rote Leuchtschrift warnt ihn, dass er seinen Maximalpuls erreicht habe. Die Maschine reduziert den Tretwiderstand.

»Alles okay?«, ruft Monika.

Bender kann nur nicken, zu sehr ist er damit beschäftigt, nicht japsend und mit heraushängender Zunge in den Peda-len zu hängen.

Zwanzig Minuten später lehnt er ausgepumpt an der Wand der Herrenkabine und wundert sich, wie er es geschafft hat, das ganze Programm durchzustehen und dabei stets den Eindruck der Unangestrengtheit aufrechtzuerhalten.

Da hört er vor der Tür Monikas Stimme sagen: »Sonja, hab bitte ein Auge auf den Dicken mit dem roten Kopf und dem neuen Trainingsanzug. Der ist mir vorhin auf dem Crosstrainer fast gestorben.«

Antonio Skármeta

Der Radfahrer vom San Cristóbal

»… Doch zuletzt ich ganz verzagte,
Sprach: Wer wäre da genug?
Sieh' da ging so hoch mein Flug,
Dass ich endlich es erjagte.«

San Juan de la Cruz

Ich hatte auch noch Geburtstag. Vom Balkon zur Straße aus sah ich den russischen Sputnik, von dem die Zeitungen so viel schrieben, bedächtig durch die Nacht kreuzen, und hatte wirklich kein bisschen getrunken, da am nächsten Tag das erste Aufstiegsrennen der Saison gefahren werden sollte und meine Mutter krank in einem Zimmer lag, das nicht größer war als ein Wandschrank. Mir blieb nichts weiter übrig, als mit auf den Boden gepresstem Nacken ins Leere zu strampeln, um meine Beinmuskeln zu kräftigen, damit ich am nächsten Tag auf meine so unverwechselbare Weise in die Pedale treten konnte, der *Das Stadion* sogar schon einen Artikel gewidmet hatte. Während Mama vom Fieber geschüttelt wurde, wanderte ich durch die Flure und aß krümelweise von dem Früchtekuchen, den Tante Margarita mir mitgebracht hatte, wobei ich die kandierten Fruchtstückchen fleißig mit der Zungenspitze herausklaubte und auf die Erde spuckte, was eine Ferkelei war. Mein Alter lief dauernd aus dem Zimmer, um einen Schluck von dem Punsch zu probieren, brauchte aber jedes Mal fünf Minuten, um ihn durchzurühren, und seufzte und stupste dann mit dem Finger die Pfirsichstückchen an, die wie Schiffbrüchige in dem Gemisch aus billigem Weißen, Brandy, Orangensaft und Mineralwasser schwammen.

Wir brauchten beide etwas, was uns die Nacht vertrieb und den Morgen schneller herbeiholte. Ich beschloss, mit den Übungen aufzuhören und lieber meine Schuhe zu putzen; der Alte blätterte im Telefonbuch, vielleicht, um die Nummer des Notarztes herauszusuchen, und der Himmel war wolkenlos, die Nacht sehr warm, und Mama murmelte im Halbschlaf »ich verbrenne«, nicht so leise, dass wir es durch die offene Tür nicht hätten hören können.

Aber dies war eine lichterstarrende Nacht. Kein Fünkchen regte sich unter der Kuppel. Jeden Stern erfassen zu wollen wäre das Gleiche gewesen, wie Kakteen in der Wüste zu zählen, sich die Lippen blutig zu beißen oder einen Roman von Dostojewski zu lesen. Papa ging in das Zimmer und wiederholte mit den Lippen am Ohr meiner Mutter all die unglaubhaften Beschwichtigungen – dass die Spritze das Fieber schon senken werde, dass der Tag sich bereits ankündige, dass der Arzt früh am Morgen vorbeischauen wolle, bevor er zum Fischen nach Cartagena fuhr.

Zum Schluss schlugen wir sogar der Finsternis ein Schnippchen. Ein milchiges Ding am übernächtigten Himmel versuchten wir als Morgengrauen hinzustellen, und wenn man es von mir verlangt hätte, wäre ich imstande gewesen, mitten in der Stadt einen krähenden Hahn zu hören.

Es mochte zwischen drei und vier Uhr morgens sein, als

ich in die Küche ging, um das Frühstück zu machen. Das Pfeifen des Teekessels und das Wimmern meiner Mutter wurden immer lauter, als hätten sie einen Wettkampf auszufechten. Papa erschien unter der Tür.

»Ich traue mich nicht hinein«, sagte er.

Er war dick und blass, und sein Hemd war zum Auswringen. Wir hörten Mama flüstern, der Arzt solle kommen.

»Er hat gesagt, er käme heute Morgen ganz früh«, leierte ihr mein Alter wohl zum fünften Mal ins Ohr.

Ich starrte gebannt auf den Deckel des Teekessels, der auf den Wasserdampfschwaden tanzte. »Sie wird sterben«, sagte ich.

Papa klopfte sich alle Taschen am Leib ab. Ein sicheres Zeichen, dass er rauchen wollte. Jetzt seine Zigaretten zu finden würde ihn endlose Mühe kosten, und dann würde es ihm mit den Streichhölzern genauso gehen, und ich würde sie ihm am Gas anzünden müssen.

»Meinst du?«

Ich riss die Augen weit auf und seufzte.

»Gib mir die Zigarette, ich zünde sie dir an.«

Als ich mein Gesicht der Flamme näherte, stellte ich verwundert fest, dass ich mir nicht, wie sonst immer, die Nase versengte. Ich gab meinem Vater die Zigarette, ohne hinzusehen, und hielt meinen kleinen Finger direkt in das winzige Flammenbündel. Ich spürte so gut wie nichts. Ich dachte: Jetzt ist mir der kleine Finger abgestorben oder so, aber man kann nicht an den Tod eines Fingers denken, ohne sich dabei ein bisschen lächerlich vorzukommen; ich streckte also die ganze Hand aus, berührte mit den Fingerkuppen den Kranz, dem das Gas entströmte, jede einzelne Öffnung, und somit gleichsam die Wurzeln der Flammen. Papa ging den Flur auf und ab, bemüht, sich die ganze Asche aufs Revers zu streuen und sich die Schnurrbartenden mit Tabakskrümeln zu verdrecken. Ich trieb die Sache noch etwas weiter und ließ meine Fingerknöchel rösten und dann den Ellenbogen und dann wieder die Finger. Ich stellte das Gas ab, spuckte in die Hände, die sich trocken anfühlten, und trug den Korb mit altem Brot, den Marmeladentopf und ein strahlendes Päckchen Butter ins Esszimmer.

Als Papa sich an den Tisch setzte, hätte ich am liebsten geheult. Mit gesenktem Kopf starrte ich auf den bitteren Kaffee, als hätte sich darin die Verzweiflung des ganzen Planeten angesammelt, und dann sagte er etwas, ich verstand aber nicht, was, da es sich eher wie ein Zwiegespräch mit einem inneren Organ, einer Niere zum Beispiel oder einer Kniescheibe, anhörte. Papa schob die Hand in sein offenes Hemd und kratzte sich die Haare, die sich überall auf seiner Brust kräuselten. Auf dem Tisch stand eine Schale mit schon etwas zerdrückten Pflaumen, Aprikosen und Pfirsichen. Noch lag das Obst unberührt und geborgen da, und ich richtete meinen Blick auf die Wand, als liefe dort ein Film oder so was ab. Schließlich nahm ich eine Pflaume und rieb sie an meinem Hemd, bis sie glänzte. Aus reinem Nachahmungstrieb nahm Papa sich einen Pfirsich.

»Mutter wird sterben«, sagte er.

Ich knetete mir den Nacken durch und überlegte, warum ich mich nicht verbrannt hatte. Mit der Zunge schob ich den Pflaumenkern im Mund herum, drückte mit den Fingern die Brotkrümel platt und knetete sie zu kleinen Kügelchen, die ich dann mit dem Zeigefinger zwischen Tasse und

Brotkorb schnippte. Als ich den Pflaumenkern in die hohle Wange floppen ließ und mir mit ungerührter Miene vorstellte, ich hätte einen harten Pfropfen in der Backenzahnhöhle, glaubte ich, den Grund für meine Feuerfestigkeit, wenn man das so nennen konnte, erkannt zu haben. So ganz klar war die Sache nicht, aber doch genauso eindeutig, wie man Regen voraussagt, wenn der Queltehue stark weht: Wenn Mama sterben würde, hätte ich auf der Erde auch nichts mehr zu suchen. Das mit dem Feuer war wie der Trailer zu einem Horrorfilm; vielleicht aber auch nur das Blabla meiner schweifenden Gedanken, der verderbliche Einfluss zu häufiger Kinobesuche.

Ich sah meinen Vater an, und gerade, als ich es ihm sagen wollte, legte er seine dicken Hände in Augenhöhe aneinander und presste sie zusammen, bis sich der Spalt zwischen seinen Handflächen schloss.

»Sie wird nicht sterben«, sagte ich. »Das Fieber macht einem nur Angst.«

»Das ist die Abwehr des Körpers.«

Ich hustete mir die Kehle frei.

»Wenn ich das Rennen gewinne, haben wir etwas Geld. Wir könnten sie dann in eine anständige Klinik bringen.«

»Wenn sie nicht vorher stirbt.«

Ich spuckte den glattgelutschten Stein über die Schulter. Papa raffte sich auf und biss in einen saftigen Pfirsich. Wir hörten Mama in ihrem Zimmer stöhnen, ohne Worte diesmal. Ich trank meinen Kaffee in drei großen Schlucken aus und empfand es beinahe als tröstlich, dass ich mir dabei die Zunge verbrannte. Als ich aufstand und mir ein Brötchen in die Tasche steckte, rollte die Reihe der Brotkügelchen zur

Erfrischung in eine Art Rotweinlache, die aber nur scheinbar feucht war, da sich seit Mamas Krankheit die Flecken
auf dem Wachstuch mit untergründigem Vorwurf über Wochen hielten.

Ich verabschiedete mich ganz beiläufig, in gewollt lässi-
gem Ton.

»Ich geh dann mal.«

Als Antwort drehte Papa nur den Kopf weg und sah prüfend in die Nacht hinaus.

»Wann ist das Rennen?«, fragte er nach einem Schluck
aus der Tasse.

Ich kam mir vor wie ein Schwein, und zwar nicht gerade
wie eines dieser niedlichen rosa Ferkel aus den Comics.

»Um neun. Aber ich muss mich vorher noch ein bisschen
warm laufen.«

Ich zog die Hosenklammern aus der Tasche, warf mir den
Beutel mit meinen Sachen über die Schulter und summte
dabei ein Lied von den Beatles, eins von diesen psychedeli-
schen.

»Es täte dir vielleicht besser, noch ein bisschen zu schlafen«, meinte Papa. »Du hast schon zwei Nächte…«

»Ich fühle mich prima«, sagte ich und ging zur Tür.

»Na schön.«

»Lass deinen Kaffee nicht kalt werden.«

Ich schloss die Tür so sanft, als hätte ich mich unter
Küssen von einem Mädchen verabschiedet, und löste dann
die Fahrradkette von der Stange des Treppengeländers. Ich
klemmte mir das Rad unter den Arm und lief, ohne auf
den Aufzug zu warten, die vier Stockwerke auf die Straße
hinunter. Unten drückte ich mich noch eine Minute herum

und drehte am Rad, unschlüssig, wohin ich mich wenden sollte. Ein frischer Morgenwind blies jetzt, sacht und kühl.

Ich stieg auf, glitt mit einem einzigen Tritt in die Pedale über die Bordsteinkante und fuhr die Alameda entlang zur Plaza Bulnes, umrundete den Brunnen in der Mitte des Platzes, bog dann links ab zur Kellerkneipe von Tobar, dem Mulatten, und hockte mich unter die Eingangsmarkise, um der Musik aus dem Untergrund zu lauschen. Am schlimmsten war, nicht rauchen zu dürfen, um das Bild des tugendhaften Sportlers nicht zu zerstören, das uns der Trainer in den Kopf gehämmert hatte. Jedes Mal, wenn ich völlig verräuchert ankam, schnüffelte er und schickte mich dann weg. Davon abgesehen fühlte ich mich wie ein Fremder im frühmorgendlichen Santiago. Wahrscheinlich war ich der einzige Junge in Santiago, der eine todkranke Mutter hatte, der einzige und absolute Versager im ganzen Universum, der es nicht geschafft hatte, ein Mädchen abzuschleppen, um sich einen faden Samstagabend zu versüßen; das einzige und wahrhaftige Rindvieh, dem bei einer traurigen Geschichte immer noch die Tränen kamen. Und plötzlich erkannte ich die Melodie des Quartetts, genauer gesagt, die Trompete von Lucho Aránguiz, die *I can't give you anything but love, baby* blies, und zwei schweigsame Pärchen gingen unter der Markise hindurch, grau wie die Asche, die das schwarze Schaf aus unserer Klasse immer auf den Gehweg gestreut hatte, und etwas Unheilvolles und Unvergessliches lag in dem Gemurmel des Wasserstrahls an der Ecke, und über dem Becken schien das Gefährt des Milchmanns den silbernen Wellen des Ozeans zu entsteigen und fuhr trotz des Temperaments seiner Pferde gemächlich dahin, und der

Wind trieb zerknüllte Zigarettenschachteln und Papierfet-
zen vor sich her, und der Schlagzeuger schleifte das Thema
wie eine lange, am Ende zerfasernde Kordel – cha-cha-cha-
da-da-da –, und von unten kam ein betrunkener Jüngling
herauf, um sich die schwitzende Stirn zu kühlen, mit unste-
tem Blick, vom Qualm geröteten Augen, gelockerter Krawatte und an die Schläfen geklatschtem Haar, und das Orchester spielte jetzt einen Tango, *sophisticated,* immer den
gleichen, immer sucht einer voller Hoffnung, und jeden Moment konnten die Häuser in der Avenida Bulnes tot zusam-
menbrechen, und danach würde der Wind zu einer noch größeren Plage, würde aus Baugerüsten Barkassen, Masten und
Segelwerk machen, Schnapsfässer aus neumodischen Hei-
zungskesseln, Türen würden zu Möwen, zu kräuselndem
Schaum das Parkett, Radios und Bügeleisen zu Fischen, und
die Lager der Liebenden gingen in Flammen auf, Frack, Un-
terhosen und Armreifen wären Krebse, wären Mollusken,
wären Streusand, und jedes Gesicht gäbe der Sturmwind
das Seine, die Maske dem Alten, das abgerissene Gelächter
dem Pennäler, der schönen Jungfrau den süßen Staub der
Blüten, alle niedergemacht von den Wolken, zerschmettert
alle an den Planeten, sich niederkauernd im Tod, und mitten unter ihnen ich, den Orkan mit den Pedalen tretend, die
Worte »stirb nicht, Mutter« auf den Lippen und *Lucy in the
sky with diamonds* singend, all die nutzlosen Polizisten, die
mit ihren Reitgerten auf imaginäre Pferde einpeitschen, ritt-
lings auf dem Wind, von Gärten gepeitscht, so hoch wie
Papierdrachen, von Statuen, und ich sagte die letzten in
der Schule gelernten Spanischverse auf, widerwillig nur,
malte etwas Pornographisches in Aguilars Schulheft, sti-

bitzte Kojman das Portemonnaie aus der Tasche und stach dem dünnen Leiva die Bleistiftspitze in den Hintern, ich sagte Verse auf, und der Jüngling schnallte sich den Gürtel enger, langsam wie einer, der, nach Zärtlichkeit dürstend, das Liebeslager verlässt, und sang darin plötzlich, gänzlich unbekümmert um den Text, als wäre jedes Lied bloß ein Regenguss vorm Aufklaren, und stolperte dann wieder die Stufen hinunter, und Luchito Aránguiz spielte jetzt ein Solo auf der Trompete, immer konzentrierter, und alles wurde Jazz, und als ich ein wenig frische Morgenluft schnappen wollte, um den Gaumen, den Hals und das Fieber zu kühlen, das zwischen Bauch und Leber in mir zerrte, stieß ich mit dem Kopf gegen die Mauer, heftig und geräuschvoll, kramte benommen in meinen Hosentaschen, zog die Schachtel her- aus und rauchte lustvoll und gierig, rutschte dabei an der Hauswand hinunter, bis ich auf der Erde saß, kreuzte die Arme und überließ mich hingebungsvoll dem Schlaf.

Geweckt wurde ich vom Trommelschlag und Klarinetten- klang irgendeiner glorreichen Kapelle, die um das Riesenrad von Santiago herummarschierte, festmäßig herausgeputzt, obwohl es weit und breit keinen Krieg gab, in den man hätte ziehen können. Ich brauchte nur aufzusitzen und mein Rad ein paar Straßen weiterzutreten, um die tägliche Auferste- hung der Waffelbäcker, der alten Mütterchen, der Erdnuss- verkäufer und all der bartlosen, modisch gekleideten Jüng- linge mitzuerleben. Wenn die Uhr von San Francisco nicht wieder log, blieben mir noch genau sieben Minuten, um an den Startpunkt am Fuß des San Cristóbal zu gelangen. Ob- wohl in meinem Körper die Krämpfe wüteten, beherrschte ich noch den präzisen Auftritt aufs Pedalgummi. Ansonsten brannte schon die Sonne im Osten, und die Gehwege waren so gut wie menschenleer.

Etwas lebendiger wurde es, als ich den Pio Nono überquerte. Ich merkte, dass mir einige der Wettkampfteilnehmer taxierende Blicke zuwarfen, während sie den Hügel hinaufstrampelten, um sich aufzuwärmen. Ich erkannte López vom Audax, der sich die Nase putzte, Ferruto vom Green Club, der seine Reifen mit der Luftpumpe bearbeitete, und die Jungs aus meinem Verein, die den Instruktionen unseres Trainers lauschten.

Als ich mich zu ihnen gesellte, sahen sie mich vorwurfsvoll an, verkniffen sich aber jede Bemerkung. Ich ging gleich in die Offensive: »Kann ich noch eben telefonieren?«

Der Trainer deutete auf die Kabinen.

»Geh, und zieh dich um.«

Ich übergab meine Rennmaschine dem Radwart.

»Es ist aber dringend«, sagte ich, »ich muss zu Hause anrufen.«

»Warum?«

Bevor ich noch zu einer Erklärung ansetzen konnte, sah ich mich zwischen zum Zoobesuch versammelten Kindern und betrunkenen blassen Jugendlichen am Erfrischungsstand gegenüber unsere Nummer wählen und Papa fragen: »… was? Lebt Mutter noch? Ist der Arzt gekommen? Wie geht es ihr?«

»Ach, nicht so wichtig«, antwortete ich. »Ich zieh mich um.«

Ich schlüpfte in die Kabine und riss mir die Kleider vom Leib. Als ich nackt war, kratzte ich mir ausgiebig die Schenkel, die Waden und dann die Fersen, bis ich spürte, dass mein

93

Körper reagierte. Ich wickelte mir sorgfältig das Stretchband um den Bauch und streifte dann die Wollstrümpfe über die granatroten Spuren, die meine Fingernägel hinterlassen hatten. Als ich mir die Wollhose anzog und das Unterhemd in den Bund stopfte, wusste ich, dass ich das Rennen gewinnen würde. Übernächtigt, mit ausgetrockneter Kehle und einem bitteren Geschmack auf der Zunge, mit maultiersteifen Beinen würde ich das Rennen gewinnen. Gegen den Trainer würde ich es gewinnen, gegen López und Ferruto, gegen meine eigenen Vereinskameraden, gegen meinen Vater, meine Mitschüler und Lehrer, gegen meine eigenen Knochen, meinen Kopf, meinen Bauch, meinen inneren Zerfall, gegen meinen Tod und den meiner Mutter, gegen den Präsidenten, gegen Russland und die Yankees, gegen die Insekten, die Fische des Meeres und die Vögel des Himmels, gegen den Blütenstaub würde ich es gewinnen.

Ich nahm eine elastische Binde und wickelte sie mir doppelt um Spann, Sohle und Knöchel. Als sie festsaßen wie ein trockener Fausthieb, sahen nur noch die zehn Zehen heraus; fleischig, angriffslustig und beweglich.

Ich verließ die Kabine. »Ich bin ein Tier«, dachte ich, als der Starter die Pistole hob. »Ich werde gewinnen, weil meine Füße nur Krallen und Klauen sind.« Ich hörte den Schuss, und mit zwei scharfen Tritten, hart in den Pedalen, übernahm ich an der ersten Steigung die Spitze. Als die Steigung geringer wurde, ließ ich die Strahlen der Sonne ruhig über meinen Nacken fließen. Ich brauchte nicht weit nach hinten zu sehen, um Pizarnick vom Eisenbahnerclub zu entdecken, der dicht an mir klebte. Ich bekam Mitleid mit dem Jungen, mit seinem Verein, mit seinem Trainer, der ihm vermutlich eingebleut hatte, »wenn er in Führung geht, bleibe ihm auf den Fersen, solange du kannst, ganz ruhig und besonnen, verstanden?«, denn wenn ich gewollt hätte, hätte ich ein Tempo vorlegen können, dass der arme Kerl in fünf Minuten hätte kotzen müssen, mit berstenden Lungen, erledigt, fassungslos. Hinter der ersten Kurve verschwand die Sonne, und ich hob mein Gesicht der Heiligen Jungfrau auf dem Berg entgegen, und sie sah sanft, fremd und unbestechlich aus. Ich beschloss, mit meinen Kräften hauszuhalten, verlangsamte meinen Tritt abrupt und überließ Pizarnick die Führung. Aber der Junge fuhr mit der Bibel unter dem Hintern. Er verlangsamte, bis er neben mir war, und an uns vorbei schoss ein blonder Junge vom Stade Français an die Spitze. Ich sah nach links und grinste Pizarnick an. »Wer war das?«, fragte ich. Ohne meinen Blick zu erwidern, japste er: »Was?« – »Der uns überholt hat, wer war das?« Er schien nicht gemerkt zu haben, dass wir ein paar Meter zurückgefallen waren. »Kenn ich nicht«, sagte er. »Welche Marke fuhr er?« – »Ein Legnano«, erwiderte ich. »Woran denkst du?« Aber ich bekam keine Antwort mehr. Ich begriff, dass er die ganze Zeit überlegte, ob er sich jetzt, da ich die Führung verloren hatte, an den neuen Spitzenmann hängen sollte. Wenn er mich wenigstens gefragt hätte, dann hätte ich ihn warnen können. Schade, dass seine Bibel nicht auf Empfang geschaltet war. Noch eine etwas steilere Steigung, und dann gute Nacht, mein Herr. Er trat in die Pedale, bis er sich an den Blonden herangearbeitet hatte, und sah dann beinahe verzweifelt zurück, um den Abstand zu taxieren. Ich sah nach links und rechts, ob ich nicht mit irgendwem sonst schwatzen könnte, aber ich war ganz allein, etwa zwanzig Meter hinter den beiden Ersten, und das Feld schob erst jetzt seine Nasen durch die letzte Kurve. Mit einer Hand hielt ich mein Herzklopfen in Schach und umklammerte mit der anderen die Mitte der Lenkstange. Wieso war ich plötzlich ganz allein? Wo waren Pizarnick und der Blonde geblieben? Und Gonzáles und die andern vom Verein? Und die vom Audax Italia? Wieso wurde mir jetzt die Luft knapp? Warum wurde der Himmel über den Dächern von Santiago so niederschmetternd schwarz? Warum biss der Schweiß in meine Wimpern und verschanzte sich in den Augenwinkeln, um mir die Sicht zu trüben? Das Herz in meiner Brust klopfte heftig, aber nicht, um mir das Blut in die Beine zu pumpen, meine Ohren zum Glühen zu bringen, nicht um meinen Hintern im Sattel härter zu machen und den Tritt in die Pedale noch gewaltsamer. Nein. Dieses Herz ließ mich jetzt im Stich, weigerte sich mitzumachen, trieb mir das Blut aus der Nase und trübe Schleier in die Augen, zerrte an meinen Venen, durchschlug mir das Zwerchfell, band mich unlöslich an einen Anker, an meinen Körper, das Ankerseil, an meine steifen Glieder, an meine Niederlage.

»Pizarnick!«, schrie ich. »Halt an, verdammt. Ich sterbe!«

Aber meine Worte schwangen zwischen meinen Schläfen hin und her, zwischen Ober- und Unterkiefer, zwischen Speichelfluss und Halsschlagader. Meine Worte waren ein vollkommener Kreis lebendigen Fleisches: Kein Ton war mir je über die Lippen gekommen. Mit keinem Menschen hatte ich je ein Wort gewechselt. Hatte immer nur zu meinem Bild in Schaufenstern, Spiegeln, winterlichen Pfützen, in den von schwarzer Schminke schweren Augen der Mädchen gesprochen. Und vielleicht gerade jetzt – Pedal auf Pedal, Tritt auf Tritt, Anstrengung auf Anstrengung – überfiel Mama dasselbe Schweigen – und ich bergauf, bergab, bergauf, bergab – derselbe blaue Tod des Erstickens – Schlag auf Schlag, Scheitern auf Scheitern – der Tod mit verstopfter Nase und gurgelnden Lauten in der Kehle – und ich Wirbel Strudel Turbine Räderwerk gekrümmter Widerstand – der weiße, endgültige Tod – mich hat noch nie jemand besiegt, Mutter! – und das Gehechel von drei, vier, fünf, zehn Fahrern, die mich überholten, oder ich selbst, der ich wieder zur Spitze vorgestoßen war, und für einen Augenblick sah ich mit halbgeöffneten Augen in den Abgrund, und ich musste die Lider zusammenkneifen, damit nicht ganz Santiago hereinschwappte, mich ertränkte auf der Höhe der Welle und mich dann in den Abgrund risse, wo ich mir den Schädel auf dem Asphalt aufschlüge, auf Mülleimern voll streunender Katzen, an einer finsteren Straßenecke. Vergiftet, die freie Hand in den Schlund gepresst und mir die Knöchel wundbeißend, durchfuhr mich der letzte klare Gedanke: eine grundlose Gewissheit, unübersetzbar, fesselnd, unaufhaltsam Glück verheißend, ja, gut, phantastisch, Bruder, dies Finale gehörte mir, meine Vernichtung gehörte mir, ich brauchte nur noch mehr in die Pedale zu treten und gewänne dieses Rennen, um meinem Tod einen Streich zu spielen, ich selbst hatte es in der Hand, was ich den traurigen Überresten meines Körpers noch abverlangen konnte, den pochenden Zehen, den fiebrigen Zehen, Engelszehen, Tentakelklauen, Skalpellkrallenzehen, apokalyptischen Zehen, den letzten Zehen, Scheißzehchen, und in welche Richtung ich den Lenker riss, Osten oder Westen, Norden oder Süden, Kopf und Zahl oder nichts, oder vielleicht immer nordsüdostwestkopfzahl bleiben, in Bewegung verharren. Da bedeckte ich mein Gesicht mit der Hand, ohrfeigte mir den Schweiß herunter und jagte die Feigheit zum Teufel; lach doch darüber, du Idiot, sagte ich mir, lach doch darüber, du Schlappschwanz, lach dich tot, denn du allein hältst die Spitze, keiner spreizt in den Abfahrtskurven sein Bein so elegant wie du.

Und in einem letzten Aufbäumen, das aus den Fußsohlen aufstieg und mir mit wunderschön sprudelndem heißem Blut Schenkel, Brust, Nacken und Stirn durchströmte, in einer Krönungsfeier, in einer Attacke meines Körpers gegen Gott, in einem unaufhaltsamen Prozess, spürte ich, wie das Gefälle der Abfahrt eine Sekunde lang abnahm, und ich öffnete die Augen, zwang sie, in die Sonne zu sehen, und dann stoben die Reifen wirklich qualmend und quietschend davon, die Kette jubilierte, die Lenkstange flog wie ein Vogelkopf voraus, zeichnete sich scharf gegen den Himmel ab, und das Blitzen der Räder splitterte die Sonne in tausend Stücke und wirbelte sie durch die Luft, und dann hörte ich, hörte, mein Gott!, wie die Leute auf den Lastwagen mich hochleben ließen, hörte das Quieken der Kinder in der Kurve zur Zielgeraden, den Lautsprecher, der die Positionen der ersten fünf durchgab. Und während des freien Falls, als ich dahinschoss auf dem neuen Asphalt, goss mir einer der Organisatoren lachend einen Eimer Wasser über den Leib, und zwanzig Meter weiter, ich triefte noch immer, lachte, fühlte mich leicht, sah jemand mich an, ein rothaariges Mädchen, und sagte »nass wie ein junger Hund«, und nun war keine Zeit mehr für Albernheiten, die Straße wurde glitschig, ich musste aufpassen, die Bremse benutzen, die Kurve wie einen Tango tanzen oder einen Walzer mit großem Orchester.

Der Wind blies mir jetzt den Sand aus den Augenwin-keln und brach mir fast das Genick, als ich den Kopf drehte, um zu sehen, wer Zweiter war. Der Blonde natürlich. Aber nur wenn er mit dem Teufel im Bunde stand, konnte er mich auf der Zielgeraden noch überholen; und das aus ei-nem ganz einfachen technischen Grund, der in allen Sport-zeitschriften nachzulesen ist und so zusammengefasst wer-den könnte: Ich benutzte nie die Handbremse, sondern drückte nur meinen Absatz gegen den Hinterreifen, wenn der Kurvenslalom begann. Kurve für Kurve war ich als Ein-ziger eine mit dem Rad verwachsene Bestie. Eisen, Blech, Leder, Sattel, Augen, Lampe, Lenker waren eins mit mei-nem Rücken, meinem Bauch, meinem Haufen steifer Kno-chen.

Ich fuhr durchs Ziel und sprang im Fahren vom Rad. Ich ließ das Schulterklopfen, die Umarmungen des Trainers, die Blitzlichter der Jungs vom *Stadion* über mich ergehen und stürzte die Coca-Cola in einem einzigen Zug hinunter. Da-nach stieg ich wieder aufs Rad und fuhr den Rinnstein ent-lang nach Hause.

Vor der Tür zögerte ich, ein letzter Argwohn überfiel mich, der Schatten einer Ungewissheit vielleicht, der Gedanke, dass alles nur eine Falle gewesen war, eine Fata Morgana, als wären das plötzliche Aufbrechen der Milchstraße, das tau-sendfache Glitzern der Sonne in den Straßen, die Stille nur die Vorschau eines Filmes gewesen, eines Films, der nie ge-zeigt werden würde, weder im Zentrum noch in den Vor-stadtkinos, noch in der Phantasie irgendeines Menschen.

Ich drückte auf die Klingel, zwei-, dreimal, kurz und dra-matisch. Papa öffnete die Tür, einen Spaltbreit nur, als habe er vergessen, dass er in einer Stadt lebte, in der die Leute in den Häusern ein und aus gingen, an die Türen klopften, klingelten, einander besuchten.

»Mama?«, fragte ich.

Papa lächelte und vergrößerte den Spalt.

»Es geht ihr gut.« Er legte mir die Hand auf die Schulter und zeigte auf das Schlafzimmer. »Geh rein zu ihr.«

Ich räusperte mich, dass die Wände bebten, und drehte mich auf halbem Weg noch einmal um.

»Was macht sie?«

»Sie frühstückt gerade«, antwortete Papa.

Ich trat auf Zehenspitzen an ihr Bett und sah fasziniert zu, wie sie elegant den Suppenlöffel an die Lippen führte. Ihr Gesicht war fahl, und die Stirnfalten hatten sich einen Zentimeter tiefer in ihre Haut gegraben, aber sie löffelte anmutig, rhythmisch … hungrig.

Ich setzte mich auf die Bettkante, mit den Gedanken weit weg.

»Wie war's?«, fragte sie und zerbröselte einen Zwieback.

Ich brachte ein filmreifes Lächeln zustande.

»Ganz gut, Mama.«

An ihrem Schal hing eine weiße Nudel. Ich beugte mich vor, um sie wegzunehmen. Mama hielt meine Hand in der Bewegung fest und küsste mir sanft das Handgelenk.

»Wie fühlst du dich, Mama?«

Sie fuhr mir mit der Hand über den Nacken und strich mir dann eine Haarsträhne aus der Stirn. »Gut, mein Sohn. Willst du deiner Mutter einen Gefallen tun?«

Ich hob fragend die Augenbrauen.

»Bring mir ein wenig Salz. Die Suppe schmeckt fade.«

Ich stand auf, und bevor ich ins Esszimmer ging, ging ich zu meinem Vater in die Küche.

»Hast du mit ihr gesprochen? Sie ist viel munterer, nicht?«

Ich sah ihn an und kratzte mir genüsslich das Kinn. »Weißt du, was sie will, Papa? Weißt du, was ich ihr holen soll?«

Er nahm die Zigarette aus dem Mund und blies eine Rauchwolke aus.

»Sie will Salz, Papa. Salz will sie. Sie sagt, die Suppe sei fade, und sie will Salz.«

Ich wirbelte auf dem Absatz herum und suchte das Salz im Regal. Als ich es herausnahm, fiel mein Blick auf die Karaffe mit dem Punsch, die ohne Deckel mitten auf dem Tisch stand. Ohne die Schöpfkelle zu benutzen, tauchte ich ein Glas bis zum Grund hinein und goss mir das kühle Nass durch die Kehle, und es störte mich nicht im Geringsten, dass mir die Hälfte über die Brust und das Hemd lief. Erst als ich aufstoßen musste, merkte ich, dass der Punsch etwas säuerlich schmeckte. Schuld daran war der verdammte Alte, der wohl nie lernen würde, den Deckel auf die Karaffe zu tun. Ich genehmigte mir noch einen Schluck, was sonst.

Kurt Tucholsky

1372 Fahrräder

Ein Polizeipräsidium... das ist so ein muffiger Kasten mit langen Korridoren, mit unzählig vielen Türen, und alle Zimmer sind schlecht gelüftet, die Leute sind unfreundlich, und man ist froh, wenn man wieder draußen ist. Ausnahmen gibt es vielleicht. Eine Ausnahme gibt es sicher: Das ist das Polizeipräsidium in Kopenhagen.

Ein bezauberndes Stück Architektur. Ein Riesengebäude, das zwölfeinhalb Millionen Kronen gekostet hat; sauber, sachlich, einfach und praktisch. Es hat einen kreisrunden Hof, der zum Schönsten gehört, was man sich denken kann. Wenn, wie man mir erzählt hat, der Geist der Verwaltung ebenso ist wie diese Architektur... glückliches Dänemark!

Und in diesem Polizeipräsidium haben sie unten im Erdgeschoss die verlorenen Fahrräder eingesperrt. Da hängen sie. Kopenhagen, wie männiglich bekannt, ist die Stadt der Fahrräder; es soll Kopenhagener geben, die keines besitzen, aber das glaube ich nicht. Wenn die Kinder anderswo zur Welt kommen, schreien sie – in Kopenhagen klingeln sie auf einer Fahrradklingel. So viele Fahrräder gibt es da.

Im Polizeipräsidium hangen 1372 Fahrräder, alle mit dem Kopf nach unten, wenn das nicht ungesund ist! Alte und junge, fröhliche und traurige, auch die Kinderabteilung: Da hängt ein kleiner »Roller«, mit dem die Kinder spielen, und drei Motorräder sind auch da. Alles das wird monatlich einmal verauktioniert.

»Ja, holen sich denn die Leute ihre Räder nicht ab?« – »Nein«, sagt der dicke Mann vom Präsidium, »viele nicht. Sie kaufen sich einfach ein neues. Ein Fahrrad, was ist denn das!« In Kopenhagen scheint es den Wert eines Zahnstochers zu haben.

Die langen Räume des Polizeipräsidiums, in denen die Fahrräder hängen, erinnern an einen Hundezwinger. Verlaufene Räder … ich rühre eines an, leise dreht sich das Vorderrad … wem gehörst du? Schade, dass Fahrräder nicht mit dem Schwanz wedeln können.

So ein Rad bringt nachher auf der Auktion nicht viel ein, zwanzig Kronen etwa. Dafür kann man es schon wieder verlieren.

Wenn man es aber nicht verliert, dann fährt man damit, und in Kopenhagen kann man sich für sein Fahrrad Luft kaufen. Wie bitte? Luft kaufen, ganz richtig. Der Fahrradmann geht an eine automatische Pumpe, wirft fünf Öre hinein und pumpt sein Rad voll. Das trinkt, und dann rollt es vergnügt weiter. So ein Land ist das.

Da hängen sie. Alle an langen Gestellen, und sie sind doch so verschieden voneinander. Manche sehen zornig aus, manche heiter, manche schlafen. Man müsste Andersen bitten, hier einen Nachmittag lang herumzugehen – was gäbe das für ein hübsches Märchen! Ob Fahrräder lebendige Junge bekommen?

Da hängen sie. Sauber und freundlich ist es, praktisch und vernünftig eingerichtet. Schade, dass in den Staaten der Welt nicht alles so gut funktioniert wie die Fundbüros. Es wäre eine Freude, zu leben. Hundert Meter weiter, im selben Haus, werden Menschen aufbewahrt: Untersuchungsgefangene. Und das sieht dann gleich ganz anders aus. Mit 1372 Fahrrädern ist eben leichter fertig zu werden als mit vier lebendigen Menschen.

Wenn Sie aber nach Kopenhagen kommen, dann versäumen Sie nicht, sich das Polizeipräsidium anzusehen. Man wird es Ihnen gern zeigen, und Sie werden an Paris denken müssen: an jene staubige Festung auf der Cité, wo geronnener Angstschweiß an den Wänden klebt und wo man Ihnen einen Unterricht in französischer Unhöflichkeit gibt, einer sehr seltenen Sache, daher wird sie den Fremden auch zuerst gezeigt.

Ja, Kopenhagen... Ob Fahrräder schwimmen können? Es wäre ja denkbar, dass die 1372 eines Nachts ausbrächen, dann rollen sie mutterseelenallein durch die Stadt, an den Hafen, stürzen sich ins Wasser, durchschwimmen die See, von der ich nie lernen werde, wie sie heißt: Kattegat oder Großer Belt oder Kleiner Belt, und dann fahren sie dahin, nach dem Festland, wo sie gleich in eine politische Partei eingereiht werden. Am nächsten Morgen kommt der dicke Mann in den Fahrradzwinger, findet ihn leer und kratzt sich hinter den Ohren. Am Abend sind alle Fahrräder wieder da: Es hat ihnen drüben nicht gefallen.

Das kann man keinem verdenken. Grüß Gott, Kopenhagen...!

Axel Hacke

Ein Radler fährt schwarz

Dieser Samstag wäre ein herrlicher Tag gewesen, wenn nicht … Also es war Folgendes: Ich hatte mit meinem neuen Rennrad Leute auf dem Land besucht, fünfzig Kilometer vor München. Wir hatten im Garten gesessen, ich hatte ein Weißbier getrunken, und es war wunderbar, ich hatte noch ein Weißbier getrunken, wir hatten gelacht und gescherzt, und ich hatte ein weiteres Weißbier getrunken, ich hätte ja eigentlich längst wieder zurückfahren wollen, da trank ich ein herrlich kühles, erfrischendes Weißbier, es wurde dunkel, na ja, ein Weißbier zum Abschied – dann radelte ich zurück, trotz inständiger Bitten meiner Gastgeber. »Hört zu«, rief ich, »was sind fünfzig Kilometer bei fünf Weißbier?! Ich fahre nicht Auto, ich radele bloß.«

Nach acht Kilometern war jene Energie verpufft, die fünf Weißbier verleihen, ich atmete schwer. Nach zehn Kilometern fiel mir auf, dass das Licht hinten kaputt war. Nach elf Kilometern hatte ich einen schweren Wadenkrampf links. Nach zwei weiteren Kilometern ging in einem dunklen, kalten Waldstück das Licht vorne aus. Ich versuchte, eine Ersatzbirne einzuschrauben, aber beim ersten Versuch fiel sie hinunter, rollte zur Seite, verschwand im Graben neben der Straße. Ich robbte durch das taunasse Gras, suchte, suchte, suchte – nichts. Ich schrie meine Wut in den Wald. Im nächsten Dorf, drei Kilometer weiter, gab es eine S-Bahn-Station. Ich radelte, von neuen Krämpfen heimgesucht, im Finstern dorthin, von Autos wütend angehupt. Im Ort schrie ein Halbwüchsiger: »Sie haben vergessen, Ihr Licht anzumachen!«

Die Bahn war vor zehn Minuten gefahren. Die nächste kam in einer halben Stunde. Der Fahrpreis, zu entrichten an einem Automaten, betrug 7,80 DM. Ich hatte nur ein Fünfmarkstück. Fünf Mark in der Tasche, fünf Weißbier im Kopf. Ich stand allein in der Nacht. Schwarzfahren hasse ich, erspart mir eine Rechtfertigung. Liebe schwarzfahrende Freunde, haltet mich für einen feigen Kleinbürger, es lebe die Anarchie – aber ich kann es einfach nicht. Von einem dieser Kontrolleure in karierten Hemden und schwarzen Lederjacken zur Rechenschaft gezogen zu werden: grässlich. Ich beschloss, eine Fahrkarte für 4,80 Mark zu kaufen, um so einen Teil des Fahrpreises zu entrichten und für den Fall, dass man mich stellen würde, meinen guten Willen beweisen zu können. Das Fünfmarkstück fiel klappernd durch. Als ich es herausnehmen wollte, merkte ich, dass jemand einen Kaugummi in den Geldauswurf gepappt hatte. Die fünf Mark waren mit widerwärtiger weißer Klebemasse überzogen, die ich durch Putzen mit dem Taschentuch nur verteilte, nicht aber zu entfernen vermochte. Ich warf das Geldstück wieder in den Automaten. Er nahm es, gab aber keine Fahrkarte heraus; der Kaugummi hielt das Geld in den Eingeweiden des Gerätes fest. Ich trommelte gegen das Blech. Die S-Bahn kam.

Ich stieg ein und fuhr mit, schwarz, schwarz, schwarz, hatte Angst vor karierten Hemden und schwarzen Lederjacken, legte mir Erklärungen zurecht, fürchtete, an einer fremden Station den Wagen verlassen zu müssen, fiel zu Hause erschöpft, verängstigt ins Bett.

Wahrscheinlich wird man von mir nach diesem öffentlichen Bekenntnis ein erhöhtes Beförderungsentgelt verlangen. Sollen sie doch. Ist mir alles egal.

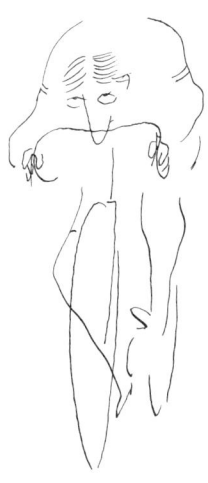

Mark Twain

Wie man ein Hochrad bändigt

Ich ließ mir die Sache durch den Kopf gehen und kam zu dem Schluss, ich könnte das schaffen. Also ging ich hin und kaufte eine große Flasche Pond's Heilextrakt und ein Hochrad. Der Experte begleitete mich nach Hause, um mich einzuweisen. Wir wählten den Hinterhof, der Privatsphäre wegen, und machten uns ans Werk.

Meines war keiner dieser ausgewachsenen Drahtesel, sondern eher ein Fohlen – ein Fünfzigzöller mit auf die Trittlänge eines Achtundvierzigers verkürzten Pedalkurbeln – und störrisch wie alle anderen Fohlen auch. Der Experte erläuterte kurz das Drum und Dran des Dings, schwang sich dann hinauf und fuhr ein wenig herum, um mir zu zeigen, wie einfach das geht. Er sagte, das Absteigen zu lernen sei vielleicht das Schwierigste, so dass wir uns das bis zuletzt aufsparen sollten. Aber da irrte er sich. Zu seiner Überraschung und Freude stellte er fest, dass er mich nur auf die Maschine zu hieven und beiseitezugehen brauchte, und schon war ich ganz von allein wieder unten. Obwohl ich keinerlei Erfahrung hatte, stieg ich in Rekordzeit ab. Er stand auf der einen Seite und stemmte das Rad hoch; mit Getöse gingen wir allesamt zu Boden, er zuunterst, dann ich und obenauf die Maschine.

Wir untersuchten sie, aber sie war völlig unversehrt. Das war kaum zu glauben. Aber der Experte versicherte mir, so sei es, das habe die Untersuchung ergeben. Da begann ich zu begreifen, wie bewundernswert diese Dinger konstruiert waren. Wir massierten uns mit ein wenig Pond's Heilextrakt ein und begannen von vorn. Diesmal ging der Experte auf die andere Seite, um mir hochzuhelfen, aber dorthin stieg ich auch wieder ab, und das Ergebnis war folglich dasselbe wie zuvor.

Die Maschine hatte nichts abbekommen. Wir rieben uns wieder ein und begannen erneut. Der Experte wählte diesmal eine geschützte Position hinter mir und dem Rad, aber irgendwie landeten wir doch wieder auf ihm.

Er war verblüfft und meinte anerkennend, das sei nicht normal. Dem Rad ging es gut, es hatte nicht eine Schramme davongetragen, kein Splitter ragte hervor. Das sei ja wundervoll, sagte ich, während wir uns mit Heilextrakt behandelten, aber er meinte, ich solle erst einmal diese stählernen Speichen kennenlernen, dann würde mir klar, dass nur Dynamit sie aus der Fasson bringen könne. Dann humpelte er in Position, und wir gingen die Sache noch einmal an. Jetzt nahm der Experte die Position eines Fängers ein und bat einen Mann, von hinten zu schieben. Wir nahmen ordentlich Fahrt auf – geradewegs über einen Ziegelstein; ich schoss über den Lenker, landete kopfüber auf dem Rücken meines Lehrers und sah die Maschine zwischen mir und der Sonne durch die Luft flattern. Gut, dass sie auf uns herabfiel, denn das milderte den Aufprall, und sie blieb unversehrt.

Fünf Tage später konnte ich das Haus verlassen, ließ mich zum Krankenhaus bringen und fand, dass der Experte schon gute Fortschritte machte. Nach ein paar weiteren Tagen war ich wieder ganz gesund. Das schreibe ich meiner Umsicht zu, stets auf weichem Grund abzusteigen. Manche empfehlen ein Federbett, aber ich verlasse mich lieber auf einen Experten.

Der Experte wurde schließlich als geheilt entlassen und kam mit vier Assistenten wieder. Das war eine kluge Idee. Diese vier hielten das grazile Speichenrad hoch, während ich in den Sattel kletterte. Dann bildeten sie einen Geleitzug und marschierten zu beiden Seiten neben mir her, während der Experte von hinten schob; beim Abstieg halfen alle Hände mit.

Das Rad hatte die Unart, die man »Wabbeln« nennt, und das nicht zu knapp. Mich in Position zu halten erforderte eine Menge Dinge von mir, und in jedem einzelnen Fall war das Erforderliche wider die Natur. Wider die Natur, aber nicht wider die Natur*gesetze*. Mit anderen Worten: Was auch immer gerade erforderlich war, meine Natur, Gewohnheit und Erziehung veranlassten mich, es auf die eine Weise zu versuchen, während irgendein unumstößliches und unvermutetes physikalisches Gesetz verlangte, es genau andersherum zu machen. Hierdurch ging mir auf, wie grotesk und grundfalsch die lebenslange Erziehung meines Körpers und seiner Glieder war. Sie hatten keine Ahnung, sie wussten nichts – jedenfalls nichts, das zu wissen hilfreich gewesen wäre. Wenn ich zum Beispiel merkte, dass ich nach rechts kippte, riss ich den Lenker hart zur anderen Seite herum, was ein ganz natürlicher Impuls war, verstieß damit aber gegen ein Gesetz und fiel weiter. Das Gesetz verlangte das Gegenteil – das große Rad muss in die Richtung gelenkt werden, in die man zu fallen droht. Es ist schwer, das zu glauben, wenn es einem gesagt wird. Und nicht nur schwer zu glauben, sondern unmöglich; es widerspricht allen bisherigen Vorstellungen. Und es zu tun fällt ebenso schwer, selbst dann noch, wenn man es endlich eingesehen hat. Daran zu glauben und dank unwiderlegbarer Beweise zu wissen, dass es stimmt, hilft gar nichts: Man bringt es ebenso wenig fertig wie zuvor und kann sich anfangs weder dazu zwingen noch überreden. Der Intellekt muss erst die Oberhand gewinnen. Er muss den Gliedern beibringen, ihre alte Erziehung abzulegen und sich die neue anzueignen.

Die Stufen des eigenen Fortschritts sind deutlich vorgezeichnet. Am Ende jeder Lektion weiß ein jeder, dass er etwas dazugelernt hat, und er weiß auch, was dieses Etwas ist, und ebenso, dass es ihm nicht mehr verlorengeht. Das ist anders, als Deutsch zu lernen, wo man dreißig Jahre lang tastend und unsicher vor sich hin tappt, und wenn man endlich das Gefühl hat, es geschafft zu haben, schleudern sie einem den Konjunktiv an den Kopf, und dann steht man da. Nein, das fällt mir jetzt wie Schuppen von den Augen – das Missliche an der deutschen Sprache ist halt, dass man von ihr nicht herunterfallen und sich weh tun kann. Denn es gibt nichts Besseres als das, um einen dazu zu bringen, sich ganz auf die Sache zu konzentrieren. Meine Erfahrungen mit dem Hochrad haben mir aber auch gezeigt, dass die einzig richtige und sichere Art, Deutsch zu lernen, die Hochradmethode ist. Das heißt, sich immer nur eine Gemeinheit dieser Sprache vorzunehmen und sie zu lernen, ehe man sich der nächsten stellt, dabei nicht lockerzulassen und sich nicht etwa von einer nur halb gelernten zur nächsten durchzumogeln.

Wenn man beim Radfahren den Punkt erreicht hat, an dem man die Maschine einigermaßen im Gleichgewicht halten und vorwärtsbewegen und lenken kann, kommt die nächste Aufgabe auf einen zu – wie man aufsteigt. Das macht man so: Man hüpft auf dem rechten Fuß hinter ihr her, während der andere links auf der Trittraste ruht und die Hände den Lenker festhalten. Auf Kommando stemmt man sich auf der Raste hoch, streckt das linke Bein, lässt das andere in nicht klar festgelegter Weise in der Luft baumeln, presst sich mit dem Bauch gegen das hintere Ende des Sattels und fällt dann herunter, sei es zu der einen oder zu der anderen Seite; jedenfalls fällt man herunter. Dann steht man auf und macht es von neuem, und noch einmal, und dann wieder und wieder.

Inzwischen hat man gelernt, die Balance zu halten und auch zu steuern, ohne den Lenker mitsamt der Wurzel herauszureißen (ich sage Lenker, weil es ein Lenker *ist*; »Lenkstange« ist bloß eine lahme Umschreibung). So steuert man eine Weile immer geradeaus, dann stützt man sich mit gleichmäßiger Kraftanstrengung vorn auf, hievt das rechte Bein hoch und dann den Körper in den Sattel, verschnauft kurz, fängt sich dabei einen heftigen Schlenker erst hierhin und dann dorthin ein und geht wieder zu Boden.

Aber mittlerweile kümmert einen das Herunterfallen nicht mehr; man landet mit ziemlicher Sicherheit auf dem einen oder dem anderen Fuß. Sechs weitere Versuche und sechs weitere Stürze machen einen vollkommen. Beim nächsten Mal landet man problemlos im Sattel und bleibt auch dort – vorausgesetzt, man begnügt sich damit, die Beine baumeln und die Pedale ein Weilchen in Ruhe zu lassen, denn wenn man sofort nach den Pedalen angelt, geht es wieder abwärts. Bald hat man gelernt, ein wenig zu warten und die

Balance zu vervollkommnen, bevor man nach den Pedalen ausgreift; dann hat man die Kunst des Aufsteigens erlernt und beherrscht sie vollständig, und mit ein wenig Übung kommt sie einem einfach und leicht vor, auch wenn man Zuschauern fünf oder zehn Yard Abstand empfehlen sollte, sofern man nichts gegen sie hat.

Und nun geht es an den freiwilligen Abstieg; die andere Variante hatten wir ja schon gleich zu Anfang gelernt. Jemandem zu erklären, wie das geht, ist ganz einfach; dazu bedarf es nicht vieler Worte, die Anforderungen sind übersichtlich und offenbar leicht zu erfüllen. Lassen Sie das linke Pedal nach unten gehen, bis das linke Bein nahezu gestreckt ist, drehen Sie das Rad nach links, und steigen Sie ab wie von einem Pferd. Das klingt zweifellos äußerst einfach, ist es aber nicht. Warum es das nicht ist, weiß ich nicht, aber so ist es nun einmal. Auch wenn man sich die größte Mühe gibt, kommt man nicht herunter wie von einem Pferd, sondern eher wie von einem brennenden Haus, und zum Gespött macht man sich dabei allemal.

Acht Tage lang nahm ich täglich eineinhalb Stunden Unterricht. Am Ende dieser Lehrzeit von zwölf Arbeitsstunden erhielt ich meinen Abschluss – fürs Erste. Man bescheinigte mir die Befähigung, mein Hochrad ohne fremde Hilfe zu bewegen. Wie rasch man eine solche Fertigkeit erwirbt, ist schier unglaublich. Man braucht erheblich länger, als ein Pferd leidlich reiten zu lernen.

Nun trifft es zwar zu, dass ich auch ohne einen Lehrer hätte lernen können, aber das wäre meiner angeborenen Ungeschicklichkeit wegen riskant gewesen. Der Autodidakt weiß selten etwas genau, und er weiß nicht ein Zehntel von dem, was er hätte wissen können, wenn er sich einen Lehrer genommen hätte. Abgesehen davon prahlt er herum und trägt so dazu bei, andere Unbedachte zu verleiten, loszulegen und es ihm gleichzutun. Da gibt es welche, die sich einbilden, dass die unrühmlichen Vorkommnisse des Lebens – die »Lebenserfahrung« – uns in irgendeiner Weise nützlich seien. Ich wüsste gern, wie. Mir ist kein Missgeschick bekannt, das sich zweimal ereignet hätte. Solche Ereignisse ändern sich ständig und lungern herum, bis sie einen da erwischen, wo man unerfahren ist. Wenn persönliche Erfahrung irgendetwas zur Bildung beitragen könnte, würde man Methusalem wohl kaum austricksen können, und doch – käme dieser alte Herr zu uns zurück, würde er sich wahrscheinlich als Erstes einen von diesen elektrischen Drähten schnappen und sich darin verheddern. Nun wäre es für ihn gewiss der sicherere Weg und das weisere Vorgehen gewesen, jemanden zu fragen, ob es ratsam sei, so etwas anzufassen. Aber das hätte ihm nicht gepasst; er wäre einer von diesen Autodidakten, die auf Erfahrung aus sind und alles selbst ausprobieren wollen. So würde er die lehrreiche Erfahrung machen, dass ein umwickelter Patriarch einen elektrischen Schlag bekommt, und auch das wäre ihm von Nutzen und würde seine Bildung abrunden und auf den neuesten Stand bringen, bis er irgendwann wiederkommt und einen Kanister Dynamit auf den Boden wirft, um herauszufinden, was darin ist.

Aber wir kommen vom Thema ab. Wie auch immer, nehmen Sie sich einen Lehrer. Das spart viel Zeit und Pond's Extrakt.

Bevor mein Lehrer sich endgültig von mir verabschiedete, erkundigte er sich nach meiner Muskelkraft, und ich konnte ihm die Auskunft geben, dass ich keine habe. Er sagte, das sei ein Manko, das mir das Bergauffahren anfangs sehr erschweren werde, aber er meinte auch, dem werde das Rad bald abhelfen. Der Kontrast zwischen seinen Muskeln und meinen war ziemlich ausgeprägt. Er wollte meine prüfen, deshalb bot ich meinen Bizeps an – das Beste, was ich zu bieten hatte. Er musste sich ein Lächeln verkneifen und sagte: »Der ist wabbelig und weich wie Brei, ist rundlich und gibt nach; er weicht dem Druck aus und flutscht unter den Fingern hin und her; im Dunkeln könnte man ihn für eine Teigtasche mit einer Auster darin halten.« Vielleicht sah er mir an, dass mich das betrübte, denn er fügte rasch hinzu: »Oh, das macht nichts, Sie brauchen sich deswegen keine Sorgen zu machen, bald werden Sie ihn nicht mehr von einer versteinerten Niere unterscheiden können. Machen Sie nur weiter mit Ihren Übungen, das wird schon.«

Dann verließ er mich, und ich machte mich nun allein auf die Suche nach Abenteuern. Man braucht sie nicht wirklich zu suchen – das ist nur so eine Redensart –, nein, sie kommen auf einen zu.

Ich wählte eine stille, sonntäglich anmutende Seitenstraße, die zwischen den Rinnsteinen etwa dreißig Yard breit war. Mir war klar, dass das nicht breit genug war, glaubte aber, wenn ich nur gehörig aufpasste und keinen Platz verschenkte, mich hindurchzwängen zu können.

Natürlich hatte ich Schwierigkeiten, die Maschine zu besteigen, so ganz auf mich gestellt und ohne aufmunternde moralische Unterstützung von außen, ohne einen mitfühlenden Lehrer, der sagte: »Gut! Sie machen das gut – jetzt auch wieder – lassen Sie es langsam angehen – na bitte, es geht doch – jetzt reißen Sie sich zusammen, und fahren Sie los!« Stattdessen bekam ich anderweit Unterstützung, nämlich von einem Jungen, der auf einem Torpfosten hockte und an einem Brocken Ahornzucker knabberte. Er zeigte großes Interesse und sparte nicht mit Kommentaren. Als ich das erste Mal scheiterte und herunterfiel, sagte er, an meiner Stelle würde er sich Kissen umbinden, das würde er tun. Als ich das nächste Mal zu Boden ging, riet er mir, erst einmal Dreirad fahren zu lernen. Bei meinem dritten Sturz sagte er, er glaube nicht, dass ich mich auf einem Pferdefuhrwerk würde halten können. Aber beim nächsten Mal schaffte ich es schließlich, kam schlingernd und schlenkernd in Gang und nahm dabei fast die ganze Straße in Anspruch. Meine langsame und schwerfällige Fahrweise erfüllte den Jungen bis über beide Ohren mit Verachtung, und er rief aus voller Kehle: »Meine Güte, was saust der ab!« Dann kletterte er von seinem Pfosten herab und schlenderte neben mir den Gehsteig entlang, noch immer beobachtend und gelegentlich kommentierend. Schließlich heftete er sich an meine Fersen und trottete hinter mir her. Ein kleines Mädchen, das ein Waschbrett auf dem Kopf balancierte, kam vorbei, kicherte und schien eine Bemerkung machen zu wollen, aber der Junge wies sie zurecht und sagte: »Lass ihn in Ruhe, der ist auf dem Weg zu einem Begräbnis!«

Mir war diese Straße seit Jahren vertraut, und ich hatte sie stets für absolut eben gehalten. Das war sie aber nicht, wie mir das Rad nun zu meiner Überraschung verriet. Ein Hochrad in den Händen eines Anfängers ist so empfindlich und präzise wie eine Wasserwaage, wenn es darum geht,

feinste und kaum wahrnehmbare Höhenunterschiede aufzuspüren. Es bemerkt eine Steigung, wo das untrainierte
Auge keine festzustellen vermag, und registriert jedes noch
so geringe Gefälle, dem das Wasser folgen würde. Ich rackerte
mich eine leichte Steigung hinauf, war mir dessen aber nicht
bewusst. Ihretwegen geriet ich ins Strampeln, Keuchen und
Schwitzen, aber sosehr ich mich auch quälte, die Maschine
kam immer wieder beinahe zum Stillstand. Bei solchen Ge-
legenheiten pflegte der Junge zu rufen: »Recht so! Gönnen
Sie sich eine Pause, es eilt nicht. Ohne *Sie* kann die Beerdigung nicht stattfinden!«

Steine waren ein Problem für mich. Selbst über die kleinsten zu fahren versetzte mich in Panik. Es gelang mir, jeden
noch so kleinen Stein zu treffen, sobald ich ihm auszuweichen versuchte, und natürlich konnte ich anfangs nicht anders, als eben dies zu versuchen. Das ist nur natürlich. Es ist
Teil jener Blödheit, die uns allen aus unerfindlichem Grund
in die Wiege gelegt wurde.

Ich war am Ende meiner Strecke angekommen, endlich,
aber nun musste ich wenden. Das ist kein Vergnügen, wenn
man es zum ersten Mal auf eigene Faust unternimmt, und
aller Voraussicht nach auch nicht erfolgreich. Das Selbst-
vertrauen verkrümelt sich, unaufhaltsam strömen namenlose
Befürchtungen auf einen ein, jede Faser verkrampft sich in
banger Wachsamkeit, man setzt zu einer zaghaften und all-
mählichen Kurve an, aber die Nerven liegen blank und zu-
cken unter elektrischen Panikimpulsen, so dass die Kurve
rasch in einen ruckartigen und tückischen Zickzack ausar-
tet; dann legt sich der vernickelte Gaul plötzlich ins Zeug
und hält schräg auf den Rinnstein zu, allen Beschwörungen

und Anstrengungen zum Trotz, ihm das auszureden – das Herz bleibt einem stehen, der Atem stockt, die Beine vergessen zu arbeiten, und zielgerade steuert man auf den Rinnstein zu, von dem einen nur noch wenige Fuß trennen. Jetzt ist der verzweifelte Augenblick gekommen, die letzte Chance, sich zu retten; aber natürlich haben alle Instruktionen, die man im Kopf hatte, längst Reißaus genommen, und so stößt man den Lenker *weg* vom Rinnstein statt auf ihn zu und landet mit ausgestreckten Armen auf diesem granitbewehrten ungastlichen Ufer. Das war mein Glück, denn ich war um eine Erfahrung reicher. Ich wand mich unter dem unzerstörbaren Rad hervor und setzte mich auf den Rinnstein, um mich zu untersuchen.

Ich trat den Rückweg an. Das war der Augenblick, in dem ich einen Bauernkarren bemerkte, der mir entgegenzockelte, beladen mit Kohlköpfen. Wenn mir noch irgendetwas fehlte, mein unsicheres Lenken zu vervollkommnen, dann war es genau das. Der Bauer nahm mit seinem Karren die Mitte der Straße ein und ließ zu beiden Seiten kaum vierzehn oder fünfzehn Yard frei. Ich konnte ihm nichts zurufen – ein Anfänger kann nicht rufen, denn sobald er den Mund aufmacht, ist er verloren; er muss all seine Aufmerksamkeit der Sache widmen. Aber in dieser grausigen Not kam mir der Junge zu Hilfe, und dieses eine Mal musste ich ihm dankbar sein. Er verfolgte die rasch wechselnden Launen und Eingebungen meines Rades genau und rief dem Mann entsprechende Anweisungen zu:

»Nach links! Halten Sie sich links, oder dieser Trottel fährt Sie über den Haufen!« Der Mann reagierte. »Nein, nach rechts, nach rechts! Warten Sie! Das geht nicht gut! Nach links! Nach rechts! Nein, nach links – rechts – li… Bleiben Sie, wo Sie sind, oder Sie sind geliefert!«

Und in diesem Augenblick erwischte ich das rechte der beiden Pferde von Steuerbord und landete in einem Haufen Gemüse. Ich rief: »Zum Henker! Haben Sie mich denn nicht kommen sehen?«

»Kommen ja, aber kann ich wissen, von welcher *Seite*? Kein Mensch konnte das ahnen, wie soll er denn! Sie selber doch auch nicht, oder? Was hätte *ich* also tun können?«

Da war etwas Wahres dran, und so hatte ich den Großmut, das einzuräumen. Ich sagte, es sei zweifellos ebenso meine Schuld wie die seine.

Innerhalb der nächsten fünf Tage machte ich so große Fortschritte, dass der Junge nicht mehr Schritt halten konnte. Ihm blieb nichts anderes übrig, als zu seinem Torpfosten zurückzukehren und von weitem zuzuschauen, wie ich zu Fall kam.

Es gab eine Reihe niedriger Trittsteine quer über das eine Ende der Straße, reichlich ein Yard voneinander entfernt. Selbst nachdem ich so weit war, einigermaßen lenken zu können, hatte ich solche Angst vor diesen Steinen, dass ich sie jedes Mal traf. Sie bescherten mir die übelsten Stürze, die ich je auf dieser Straße machte, wenn man einmal von jenen absieht, die ich Hunden verdankte. Ich habe gelesen, dass kein Experte schnell genug ist, einen Hund zu überfahren, und dass ein Hund stets in der Lage ist, ihm aus dem Weg zu springen. Ich denke, das mag zutreffen, aber wenn man einen Hund nicht überfahren kann, liegt das meines Erachtens allein daran, dass man es darauf anlegt. Ich habe nie versucht, einen Hund zu überfahren, aber jeden einzelnen erwischt, der über die Straße lief. Ich glaube, das macht den großen Unterschied aus. Wenn man versucht, einen Hund zu überfahren, merkt er das und kann sich darauf einstellen, aber wenn man ihm ausweichen will, ist das für ihn unberechenbar und führt dazu, dass er jedes Mal zur falschen Seite springt. Nach meiner Erfahrung war es immer so. Selbst wenn es mir nicht gelang, einen Wagen zu treffen, konnte ich doch jeden Hund überfahren, der herbeigelaufen war, um mich üben zu sehen. Denn sie liebten es, mir dabei zuzusehen, und kamen alle, weil sich in unserer Nachbarschaft sonst nicht viel tat, was einen Hund hätte unterhalten können. Es brauchte geraume Zeit, einem Hund ausweichen zu lernen, aber selbst das gelang mir schließlich.

Mittlerweile kann ich so gut lenken, wie ich nur will, und irgendwann in den nächsten Tagen werde ich mir den Jungen vornehmen und *ihn* überfahren, wenn er sich nicht bessert.

Besorgen Sie sich ein Hochrad. Sie werden es nicht bereuen, sofern Sie es überleben.

Luigi Bartolini

Fahrraddiebe

Roms Diebeshöhle seit unvordenklichen Zeiten ist das
Gassengewirr um Campo de' Fiori. Nur dass sich
heutzutage dort noch hundertmal mehr Diebe herumtreiben als früher. Via dei Baullari, Via dei Coronari, Vicolo del
Cinque: Dort haben sie ihre Höhlen, ihre Keller, ihre Weinkneipen, ihre Stehbars, ihre Läden, dort sind die Bordelle,
die Verstecke, die Schlupfwinkel unserer römischen Diebe.

Hierher bin ich heute gekommen, auf die Piazza del Monte,
um zu versuchen, mein schönes neues Fahrrad wiederzufinden, das mir gestern gestohlen wurde. Es war nicht einfach
verschwunden – o nein, der Dieb nahm es mir geradezu aus
der Hand, während ich noch fast auf der Türschwelle stand
zu einem Schusterladen.

Ich brauchte nämlich Schuhcreme, schwarze Schuhcreme.
Vergeblich hatte ich es auf der Via della Scrofa in allen Geschäften versucht; dann, auf der Piazza Navona, kam mir
der unselige Gedanke, einen Gemüsekrämer zu fragen, wo
in aller Welt, in welchem Geschäft, bei welchem Händler
sich wohl eine Dose Schuhcreme auftreiben ließe. Der Mann
verwies mich in die Via dei Baullari. Eine Vorahnung riet
mir, nicht dorthin zu gehen. Doch ich brauchte Schuhcreme, ich hatte Eile – und also ging ich hin. Hinter seinem
Ladentisch hervor antwortete der Unglücksmensch von Ver-

käufer, Schuhcreme habe er wohl, aber gleich von der Tür her nachzufragen, ohne erst richtig einzutreten, das schien ihm wohl nicht das angemessene Benehmen zu sein, in dieser Zeit der Verkäufergnade.

»Warum kommen Sie nicht herein? Soll ich Ihnen das Zeug vielleicht noch nachtragen?«

So lehnte ich mein Rad ans Schaufenster und ging hinein.

Doch hatte ich noch keine zwei Schritte auf den Verkäufer zu gemacht, als draußen auf der Straße hinter der Scheibe ein Gesicht auftauchte und mein Fahrrad prüfend betrachtete. Augenscheinlich um sich zu überzeugen, dass es nicht durch ein Schloss gesichert war. Ich fand kaum Zeit, zu dem Händler zu sagen: »Warten Sie einen Augenblick, die Fratze da draußen gefällt mir nicht«, und schon hatte der Dieb, ein schlechtgekleideter junger Mann ohne Krawatte, mit kahlgeschorenem Kopf, so wie es im Gefängnis die Anstaltsfriseure mit einer Mulo-Schere zuwege bringen, das Fahrrad ergriffen, war aufgesessen und machte sich aus dem Staube.

»Mein Rad ist gestohlen! Mein Rad ist gestohlen!« Schreiend stürzte ich aus dem Laden, um dem Dieb nachzusetzen.

Doch zwei oder drei Individuen traten mir in den Weg; es waren die Schmiersteher, die »Pfähle«, wie man in Rom sagt. Sie beruhigten mich, der Dieb werde schnell eingeholt sein. Der eine rief sogar: »Sie haben ihn schon, sie haben ihn!«

Keineswegs: Der Dieb, auf meinem Fahrrad sitzend, von zwei anderen »Pfählen« verfolgt, die taten, als liefen sie ihm nach, fuhr unbehelligt weiter, in Richtung Corso Vittorio

Emanuele. Ich schrie noch immer: »Packt ihn! Haltet den Dieb! Al ladro! Acciuffatelo!«

Doch niemand hielt ihn auf. Stattdessen taten zwei oder drei Radfahrer – ebenfalls »Pfähle« –, als wollten sie ihn verfolgen. So dass die Leute, die vielen vorübergehenden Leute, Platz machten, um die Gruppe von Radfahrern vorbeizulassen. Ich schrie, solange ich konnte. Einer der Diebsgehilfen begann einem anderen Radler nachzulaufen. Er holte ihn ein. Er ließ ihn absteigen und brachte ihn, zu Fuß, zu mir her. »Ist das Ihr Rad?«, fragte der Hehler.

Es war mein Rad nicht. Aber ich konnte von dem Kerl nicht Namen und Adresse fordern, da er sich beleidigt stellte und zu protestieren anfing. So dass ich ihn seines Weges ziehen lassen musste. Ich hätte es nicht getan, wenn ich nur auf dem Corso einen »Pizzardone« hätte erblicken können, einen von unseren früheren städtischen Polizisten. Doch wo ist in diesen schrecklichen anarchischen Tagen ein Polizeibeamter zu sehen? Andere Personen, die sich hinzugesellt hatten, rieten mir, sofort zur Polizeiwache (sie nannten den Namen einer Straße) zu gehen. Es mussten sehr harmlose Leute sein oder gleichfalls Diebe; denn ich weiß aus eigener Erfahrung, wie nutzlos es schon seit längerer Zeit, seit über einem Jahr, ist, zur Polizei zu rennen, und dass es wirklich nur vergeudete Zeit ist, über den Vorfall eine schriftliche Anzeige einzureichen. Es ist nutzlos. Wenn die jugendlichen Wachtmeister nicht noch einen Weg finden, euch zum Narren zu halten und als Dummkopf hinzustellen, könnt ihr eurem Herrgott danken. Und statt euch zu helfen, wie es ihre Pflicht wäre, ihr Beruf, und den Dieb zu suchen, geben sie euch treu und schlicht zur Antwort: »Wir haben

schon genug Diebe zu suchen! Regina Coeli«, das römische Gefängnis, »ist schon überfüllt. Was sollen wir machen? Schauen Sie, wie Sie zurechtkommen!«

Oder aber, sie sagen ganz im Gegenteil: »Wir werden unser Möglichstes tun, lassen Sie uns inzwischen Ihre Telefonnummer da...«

So sprechen sie, haben aber nichts weiter getan, als Ihre Zeit zu verschwenden. Sie können sicher sein, kein Beamter wird nach Ihrem Rad oder dem Dieb auf die Suche gehen.

Der junge Mann, der mir mein Fahrrad gestohlen hat, mein schönes, leichtes, fünf Kilo wiegendes Fahrrad mit den neuen Reifen, mit Schläuchen, die kaum geflickt waren – der vordere einmal, der hintere zweimal –, mit Rennlenker, Gepäckträger, Aluminiumpumpe, muss erst vorgestern aus Regina Coeli entlassen worden sein; oder wahrscheinlicher: Er ist vorgestern während des Durcheinanders bei dem letzten Brand, ich weiß nicht, in welchem Flügel des Gefängnisses, ausgebrochen. Er war wohl, kaum dem Getümmel entronnen, der Meinung, dass es nur die eine Möglichkeit für ihn gebe, aufs neue anzufangen zu stehlen. Gewiss, er bestahl mich mit einer klassischen Unverfrorenheit. Er hatte keine Angst vor den vielen Leuten. Er hat seine Tat perfekt organisiert. Noch mehr Menschen scharten sich um mich und rieten mir – doch das hätte ich schon von allein getan –, sofort zur Piazza del Monte zu gehen, denn dort sei der Hauptsammelplatz, der Schlupfwinkel für alle Gauner.

Auf dem Platz herrscht von früh bis abends Gedränge, ein solches Gedränge, dass man nur mühsam vorwärtskommt, nichts als Diebe, jeder Kategorie, jeden Kalibers und jeden

Typs, und für alle Arten von Gegenständen: Stoffe, Ledergamaschen, Schuhwerk, Kupferdraht, Glühbirnen, ja Zahn-
bürsten und Parfüms. Da sind die Diebe von Rasierappara-
ten und -klingen. Diebe von Flicken für Fahrradschläuche.
Diebe von Uhren, und, vor allem, Diebe von Fahrrädern.
Während in den früher so wohlausgerüsteten Läden und
Geschäften der Via delle Colonnette und der Piazza Qua-
drate, Piazza Fiume – bei der Firma Lazzaretti – und der
Piazza Vittorio Emanuele an Fahrrädern buchstäblich nichts
mehr zu sehen und zu finden ist, so herrscht auf der Piazza
del Monte Überfluss an neuen blitzblanken wie an alten
und ältesten Rädern. Hier findet man leuchtende »Bianchi«
neuesten Modells, mit Bogenlampe. Allein für die Lampe
verlangen sie dreitausend Lire. Sie verlangen zweitausend-
neunhundert für einen Reifen 28¾ und dreitausendzweihun-
dert für einen zu 28⅝. Für einen Schlauch, der zudem noch
ein paar Flickstellen hat, wollen sie tausendsechshundert
Lire. Man sieht Diebe, die gleich Schultergehängen über
Rücken und Brust ganze Bündel von Schläuchen und Dut-
zende von Reifen daherbringen. Andere Diebe haben an den
äußersten Ecken des Platzes eine schmutzige Decke ausge-
breitet und darauf die Ersatzteile der gestohlenen und aus-
einandergenommenen Fahrräder. Denn man muss wissen,
das Erste, was Diebe mit einem gestohlenen Rad tun, ist es
zerlegen oder unkenntlich machen.

Sie zerlegen es, wenn sie glauben, dass seine einzelnen
Teile wieder zuerkennen sind; und das sind die Räder mit
alten Rahmen und neuen Felgen, ungewöhnlichen Lenkstangen, besonderem Anstrich, Räder, die keine Serien-
fabrikate sind. In diesen Fällen halten sie es für geraten, das

Fahrrad in seine Bestandteile zu zerlegen und diese einzeln an den Mann zu bringen: heute die Lenkstange, morgen die Felgen, übermorgen die Pedale, dann die Lampe. Aber mitunter zerlegen sie auch noch die Lampe und verkaufen den Dynamo und den eigentlichen Scheinwerfer getrennt. Doch wenn es sich um fast neue und unbeschädigte Fahrräder handelt, werden sie getarnt. Dann genügt es, an jener Stelle etwas zu feilen, wo die Fabrikationsnummer eingestanzt ist. Oder es genügt, die Schutzbleche abzunehmen, eine Bremse auszuwechseln oder die Lenkstange, um das Rad unkenntlich zu machen. Ja, es sind Diebe! Manche anständig und manche schlecht gekleidet. Ein schlechtgekleideter fällt dem Laien eher auf, wie er so wartend und beobachtend dasteht, das Gesäß auf die Querstange des Rahmens gestützt: auf sein Fahrrad, welches zehnmal, hundertmal mehr wert ist als die triste Gestalt, wenn man ihren Preis als Galeerenfleisch berechnet.

Am nächsten Tag gedachte ich mich zur Porta Portese zu begeben, denn Porta Portese ist der größte unter den Sammelplätzen der Diebe Roms. Es war am frühen Morgen, und als ich aufstand, mag es halb sieben gewesen sein. Es war einer der schönsten Tage gegen Ende September; und der September ist in Rom der schönste Monat, der hellste, der blaueste und der frischeste Monat. Ich verließ das Haus in Verkleidung, da ich bemerkt hatte, dass am Tag zuvor auf der Piazza del Monte allzu viele Diebe die Anwesenheit eines Nichtdiebs, wie ich es war, festgestellt hatten, eine Qualität, die an meiner bescheidenen Kleidung abzulesen war, an meiner Miene eines Mannes, der zeigt – aber nur wenn man ihn aufmerksam anschaut –, dass er durch irgendetwas ausgezeichnet ist. Ich ging ohne Kragen, band keine Krawatte um, sondern wickelte mir einen schottischen Wollschal um den Hals und knotete ihn nach Art der Diebe. Ich wählte unter meinen Schuhen ein Paar, das einmal sehr schön gewesen, aber durch langen Gebrauch abgetragen und geflickt war. Trotzdem bildete ich mir nicht ein, wie ein echter Dieb auszusehen. Im Gegenteil: Dass ich mich so zurechtgemacht hatte, trug mir nur die verwunderten Blicke des indiskreten Portiers meines Hauses in der Via Oslavia ein. Vom Rione Prati musste ich auf dem Rad – denn ich besaß, ehe mir das andere geklaut wurde, zwei Räder; und ein zweites Rad zu besitzen ist unumgänglich notwendig, wenn man versuchen will, ein gestohlenes wiederzubekommen –, ich musste also den Tiber entlangradeln, durch die Via Lungara, über den Ponte Garibaldi, bis zum Viale del Re, der heutigen Via Trastevere, auf der Höhe des Unterrichtsministeriums einbiegen und mich links halten, bis man durch die Via Portuense zur Besserungsanstalt für Minderjährige gelangt, und von dort dann zur Porta Portese. Als ich über den Petersplatz kam, überfiel mich die Schönheit dieser riesigen rosa und himmelblauen Muschel aus dem Meer der Christenheit. Ich hatte halb Rom in seiner Stille durchquert, denn Rom geht abends zeitig zu Bett und erwacht des Morgens nicht vor acht, halb neun. Ich meine das bürgerliche Rom. Das Rom der Diebe hingegen stand bereits um Viertel vor sieben längs jenes Schlauchs von Straße aufgereiht, der in früherer Zeit als Zugang zu den Hundezwingern der Porta Portese diente. Eine hässliche Straße, die ich bereits kennengelernt hatte, als ich sie vor einigen Jahren mit ähnlicher Angst wie heute Morgen durchfuhr, um meinen Hund »Liebe« zu suchen, der mir gleichfalls gestohlen worden war. Mir hatten nämlich die Diebe Roms bereits im Dezember des Jahres 1938 ihren Willkommensgruß dargebracht, indem sie mir meinen wunderschönen Setter, der den deutschen Namen »Liebe« führte, stahlen; ich fand ihn damals im Schlund eines Backofens wieder, wo ihn der Bäcker, ein Freund des Jägers, der ihn mir gestohlen, verborgen hielt.

Um Viertel vor sieben quirlte es in dem Straßenschlauch an der Porta Portese bereits von Dieben. Auch längs der beiden Geländer der Brücke standen sie in hellen Scharen. Diebe, die dastanden, ein jeder mit einem, mit zwei und sogar drei Fahrrädern neben sich, zwischen Verkäufern von Feigen und Weintrauben, von Nüssen und Haselnüssen. O weh!, es waren so viele Menschen, dass ich fürchten musste, die Hauptschwierigkeit werde sein, mich zwischen ihnen hindurchzuzwängen, ehe der Dieb meine Anwesenheit bemerkte. Ich hatte mir gedacht, dass sich an der Porta Portese kaum mehr als hundert Personen befinden könnten; stattdessen waren es mindestens zweitausend. Ich begann mich zwischen den Dieben auf dem Platz durchzuschlängeln. Sie waren wie in Reihen aufgestellt. In der ersten Reihe, ganz vorne, standen diejenigen, die ein oder zwei Räder in der Hand hatten. Es handelte sich jedoch um alte, abgenutzte Fahrzeuge, um solche, wie man sie sonst bei öffentlichen Versteigerungen finden kann, Fahrräder ohne Reifen und ohne Schläuche, abgeschabte, zusammengeschweißte, verbeulte Räder. Hinter der ersten Reihe standen die Verkäufer von Reifen, Schläuchen und Ersatzteilen. Ich erkannte in der ersten Reihe mehrere von den Dieben, die ich schon auf der

Piazza del Monte beobachtet hatte. Da war jener, der drei Räder der Marke Wolsit zu veräußern hatte: Räder der ehemaligen faschistischen Miliz, Diensträder, neue, stattliche, schwarzlackierte Räder. Sie wurden von allen Dieben zu annähernd immer demselben Preis angeboten, rund fünfzehntausend Lire. Die Verkäufer waren Diebe von Profession oder desertierte frühere Soldaten; vielleicht waren sie beides zugleich.

Unter den Dieben bemerkte ich zwei junge Leute, die im Knopfloch irgendein studentisches Abzeichen trugen. Sie gingen mit einem kleinen Koffer in der Hand umher und näherten sich zaghaft und vorsichtig den Käufern. Wenn der Käufer bejahte, öffnete einer der beiden jungen Leute den Koffer und bot schwarze Blusen der ehemaligen Universitätsmiliz zum Verkauf an. Sie verkauften auch Uhren.

Während ich mich durch die ersten Reihen der Diebe drängte, kam ein Jüngling in grünem Pullover auf mich zu; er war ein kräftiger, hemmungslos auftretender, gebieterischer junger Mann, er glich einem alten Römer oder einem jüngst verflossenen Straßenschlachtfaschisten. Er fragte mich mit vorbildlicher Unverfrorenheit, ob ich mich an diesen Platz gestellt hätte, um zu verkaufen oder um zu kaufen. Ich antwortete, dass ich hier stünde, um zu verkaufen. Er – der mich bereits auf der Piazza del Monte gesehen haben musste – sah mich noch einmal abfällig von oben bis unten an: wie um mir klarzumachen, dass er wisse, wer ich sei, und auch, weshalb ich mich hier zwischen den Dieben befände, nämlich nicht mit der Absicht, etwas zu verkaufen, sondern dem Dieb meines anderen Fahrrads nachzuspüren und, wenn möglich, auch das Rad selbst wiederzubekommen. Schließlich fragte er mich, wie viel ich für das Rad, das ich bei mir hatte, haben wolle; und ich, um ihm zu verstehen zu geben, dass er mir lästig falle, gab ihm zur Antwort: »Dreißigtausend.«

»Sei zufrieden, wenn wir dir dein Rad eines Tages für sechstausend zurückverkaufen!«, brummte er und verschwand in der Menschenmenge; das wollte heißen, dass mir seine Bande in der Via della Scala sehr bald auch dieses zweite Rad stehlen werde und dass die Diebe selbst es dann für sechstausend Lire wieder an mich verkaufen würden. Sogleich machte ich mir selbst Vorwürfe, dass ich ihn hatte merken lassen, wie ich auch heute noch mit Wut geladen war. Ich hätte ihm auch nicht höhnisch einen so unmöglichen Preis nennen dürfen, sondern den demütig Habgierigen spielen und eine Summe verlangen sollen, die dem Wert entsprach, den die Diebe für das hellblau lackierte Rad, das ich bei mir hatte, angesetzt haben würden. Man darf Diebe nicht beleidigen! Man darf sie nicht aufbringen! Aber das ist mein alter Fehler: Folge und Zeichen meiner Unerfahrenheit. Zwar hatte ich es schon einmal fertiggebracht, hier in Rom mein hellblaues Fahrrad wiederzubekommen, nachdem es mir gestohlen worden war, doch deswegen allein konnte ich mir noch nicht die verdienstliche Eigenschaft anmaßen, ein hervorragender Finder oder ein Musterpolizist zu sein. Dazu gehört mehr! Und gegen den jungen Dieb, der sich mir gestellt hatte, hätte ich gutmütig-nachsichtig verfahren sollen, umso mehr, als er, wie ich später erfuhr, ein Oberdieb, ein Bandenführer war, sozusagen ein Inspekteur der Diebe, einer, der mich vielleicht schon seit gestern im Auge behalten und mich heute hier erwartet hatte – sicher, wie er war, dass ich kommen würde, mein Fahrrad an der Porta Portese zu suchen.

Was die Verhinderung der Fahrraddiebstähle, was die Wachsamkeit, mit einem Wort, was die Polizei angeht, so lassen Sie sich das Folgende erzählen. Ich fuhr heute Morgen, auf meinem Weg zur Porta Portese, über die Piazza del Monte. Obgleich ich wusste, dass sonntags der Platz vollkommen frei von Dieben ist, hatte ich mich davon doch selbst überzeugen wollen. Wirklich lag der Platz verlassen da. Lediglich ein städtischer Polizeimann in Uniform, melancholisch in einer der Ecken stehend, war zu sehen. Einsam stand er da, den einen Fuß auf die Eingangsstufen eines Hauses gestellt. Er wirkte wie ein Betrunkener am frühen Morgen. Aus einem Fenster heraus unterhielt sich ein Mädchen, eine Gassendirne, mit ihm: Sie bediente sich mit ihren Händen des Zeichenalphabets der Taubstummen und der Sträflinge. Mich reizte es, ihn ein wenig aufzuziehen, und so ging ich auf ihn zu und fragte nichts Geringeres als dies: »Guten Morgen. Wo sind denn heute früh die Diebe?«

Der Wachmann, sei es, dass er durch die unerwartete Frage überrascht war oder dass er sie nicht als Ironie nahm, gab mir zur Antwort:

»Eh, come, signore? Wissen Sie nicht, dass heute«, und er erklärte: sonntags, »die Diebe nicht hier sind, sondern alle an der Porta Portese? Gehen Sie in dieser Richtung, und fragen Sie dann noch einmal, alle Leute können Ihnen sagen, wo sich die Diebe von Porta Portese aufhalten!«

Ich war nicht allzu verblüfft über diese Antwort, wie ich schon gestern nicht verblüfft war, als ich unter den Dieben einen Carabiniere beobachten konnte, der seinen schwarzen Regenmantel verkaufte, und einen anderen, der auf der Piazza del Monte ein Paar schwarze Ledergamaschen verhandelte. Und ich setzte meinen Weg zur Porta Portese fort.

Ich gelangte ans Ende des langen Straßenschlauchs, der mehr Diebe und Händler als Käufer beherbergte. An der Stelle, die unter dem Namen »Capannone«, was für gewöhnlich ein hallenartiges Gebäude bezeichnet, bekannt ist, hat der Markt ein plötzliches Ende. Dort, an diesem Ende, befand sich ein friedliches Schilfwäldchen, und zur Linken des Schilfes lief ein schmaler Feldweg. Hier bog ich ein, um ein wenig Sonne, ein wenig Ruhe, ein wenig reine Luft zu genießen. Ich erspähte eine Art Dorfbrunnen, an dem friedlich eine Bäuerin stand und Wäsche spülte. Doch auch sie antwortete mir kurz angebunden; sie war wohl misstrauisch gegen mich: wie wenn ich ebenfalls entweder ein Dieb oder ein verkleideter Polizist wäre.

Ich kehrte um und bahnte mir mit Mühe einen Weg durch die Tausende von Dieben. Ich strebte nach dem freien Platz zurück, wo die Fahrraddiebe ihren Standort hatten. Ein unangebrachter Optimismus ließ mich hoffen, dass sich unter den zahllosen Dieben auch der meines Rades befinde. Ich begann von neuem, sie prüfend anzuschauen, sie einen nach dem anderen zu besehen, die Gesichter aufmerksam zu inspizieren. Müde vom Prüfen, Betrachten und Keine-Spur-Finden, weder vom Fahrrad noch vom Dieb, überlegte ich, ob ich ein neues Rad erstehen sollte. So kam es, dass ich mich im Einzelnen nach den Preisen zu erkundigen begann. Ein Rad ohne Reifen, zehn Jahre alt, neu angestrichen, aber sonst ganz zerfahren, kam auf siebentausend Lire, mindestens auf sechstausend, ein Rad der Marke »Bianchi« im günstigsten Fall auf zwanzigtausend.

Ich bemerkte in einer Gruppe zusammenstehender Gauner einen Jungen. Er führte ein ganz neues, blitzendes, verchromtes Rad an der Hand, ein Rad mit Schutzblechen, Lampe und doppelter Felgenbremse. Neue Reifen, neuer Rahmen. Er rief immer wieder: »Zu verkaufen! Ja, zu verkaufen!«, und beim Rufen stotterte er. Ich ging auf ihn zu. Prüfte das Gewicht des Rades, indem ich es in der Mitte der Querstange fasste und leicht anhob. Ich trieb ein Pedal an und ließ die Kette etwas laufen. Das Geräusch war leicht, regelmäßig, fast musikalisch, vollkommen. Und so passierte es, dass ich mich in ein vollkommenes Fahrrad verliebte. Er verlangte achtzehntausend Lire. Das war der gerechte Preis, verglichen mit den Angeboten, die ich nun seit zwei Tagen den Gesprächen von Käufern und Verkäufern entnommen hatte. Ich bot zwölftausend Lire. »A-aber nnein!«, machte der Stotterer. »Ich-ich, ich habe es doch nicht gestohlen! Es ko-kokostet mich selbst sechzehntausend Lire. Und mir hat man schon vier-vierzehn-vierzehntausend Lire geboten. Aber ich habe-habe es nicht hergegeben!« Ich will das Stottern nicht weiter nachmachen, es kostet mich nur Mühe, Papier und Tinte. Ich stellte fest, dass der arme Stotterer besser zu verkaufen verstand als die anderen. Und dass er nur ein Gelegenheitsdieb war; doch immerhin ein Dieb.

Inzwischen beriet ich mich im Stillen mit meinem Gewissen. Darf man von einem Dieb etwas erwerben? Heißt das nicht, ihn bereitwillig auch noch unterstützen? Bestraft das Gesetz denn nicht den Hehler? Ach, das Gesetz! Versucht nur, es auf der dunklen Mondhälfte aufzuspüren! Und geht doch erst einmal in den Laden eines ehrlichen Fahrradhändlers! Ja, geht nur! Der wird euch antworten, dass er keine Räder zu verkaufen hat, weder neue noch gebrauchte. Der hat kaum eine kleine Tube Gummilösung, die nicht klebt, und vielleicht eine Luftpumpe vorsintflutlicher Bauart. Sie selbst, die ehrlichen Händler, geben euch den Rat, euch an die Diebe zu wenden. Und sie selbst, die Ehrlichen, sind, manchmal freiwillig und manchmal unfreiwillig, die Belieferer der beiden Schwarzmärkte auf der Piazza del Monte und an der Porta Portese. Einbrüche und Diebstähle in Fahrradgeschäfte ereignen sich jede Nacht – ereigneten sich, besser gesagt. Sie ereignen sich nicht mehr, aus dem einfachen Grund, weil jetzt alle Läden bereits ausgeräubert und leer sind, sei es durch die Diebe, sei es durch die Besitzer; denn diese haben schließlich ihre letzten für Käufer bestimmten Fahrräder in den Kellern versteckt. Sie begannen damit, die Räder in den Kellern zu verstecken, als die Deutschen Rom besetzt hatten; als die Deutschen die Fahrräder beschlagnahmten und sie mit dem Einheitspreis von tausend Lire das Stück bezahlten. Wenn sie überhaupt bezahlten. Seit jenen Tagen nahmen die Händler Beziehungen auf zu den Schwarzhändlern und Dieben. Vielleicht verkaufen die Geschäftsleute jetzt an die Gauner neue Fahrräder zu zehntausend Lire; und die Gauner natürlich verkaufen ihrerseits zu zwanzigtausend. Bei solchem Stand der Dinge kann man – in meinem Fall – also nicht einmal von Gewissensskrupeln sprechen. Es ist der Zwang. Es ist die Notwendigkeit, ein Fahrrad zu erwerben, die einen dazu zwingt, es nur von jenen zu kaufen, die den Alleinvertrieb haben: den Schwarzhändlern und Dieben. Bedenken Sie im Übrigen bitte, dass viele Käufer von Rädern gerade eben die Fahr-radhändler selbst sind! Und das ist nur natürlich in einem Augenblick, da zwischen Norditalien – wo die Fahrräder hauptsächlich hergestellt werden – und dem freien Süden des Landes eine Feuergrenze verläuft und zwei fremde Heere einander gegenüberstehen. Es ist also zwangsläufig, dass auch vonseiten einiger Geschäftsleute Räder an der Porta Portese eingekauft werden. Vielleicht kauft jetzt mancher Ladeninhaber sich eben jenes Rad zurück, das er vor Zeiten, vor Ankunft der Deutschen an die Gauner verkauft hat; in der rosenroten Hoffnung, dass der Krieg ein baldiges Ende nehmen und dass aus Pavia, Busto Arsizio, Cremona, aus Brescia, aus Mailand, aus Turin neue Markenräder auf den Markt strömen möchten; dass die Fabriken ihre Tätigkeit fortsetzen und, wie früher, ihre Erzeugnisse nach Süditalien fließen lassen möchten. Stattdessen begannen eines schönen Tages die Reifen auszugehen, dann die Schläuche, dann die Rahmen, und folglich kletterten die Preise in schwindelnde Höhen; und es ist gar nicht wahrscheinlich, dass sie in der ersten Zeit nach dem Krieg so schnell wieder sinken werden.

Und als der gute Rechner, der ich bin, aber auch als jener horazische Dichter, der das Beste sieht und sich an das Schlechteste hält, kam mir der Gedanke, zu versuchen, mich für das Rad, das mir am 28. September 1944 gestohlen wurde, schadlos zu halten. Und zwar auf folgende Weise: ein Dutzend Räder aufzukaufen, sie ein paar Monate lang auf Lager zu halten und sie dann wieder hervorzuziehen, um sie zu einem Preis, der in zwei Monaten sicher astronomische Höhen erreicht haben wird, wieder zu verkaufen. Ich sehe doch, wie gehandelt wird, und auch ich würde es also lernen. Wenn auch leider wahr ist, dass ich in Geschäften ein ahnungsloser Hinterwäldler, ein Mann vom Mond bin, oder als was ihr mich nun bezeichnen wollt. Fest steht jedenfalls, dass ich nie habe handeln wollen. Ich betrachte das menschliche Dasein als eine kurze Übergangszeit, während der man nicht handeln soll, sondern nur schauen und sinnen. Das Beste für einen Poeten ist es schließlich, auch die dunkelsten Seiten des menschlichen Daseins zu beobachten und zum Gegenstand dichterischer Darstellung zu machen.

Mit anderen Worten: Besser ist es meiner Meinung nach, Dichter und arm zu sein, arm zu bleiben, fast wie die Armen zu leben, als zum Dieb zu werden oder gar zum Hehler. Ja, ganz recht, so ist es; doch inzwischen benötigte ich ein zweites Fahrrad. Aus der Erwägung heraus, dass mir vielleicht in einem Monat oder in zwei oder drei Monaten auch mein himmelblaues Rad gestohlen werden könnte. Und was dann? Zu Fuß gehen, wenn keine Straßenbahnen verkehren? Ein Mann zu Pferde und ein Mann zu Fuß sind keine Gleichgestellten. Besser, ein Mann zu Pferde zu sein, ganz besonders, wenn man nicht mit der Absicht zu Gewalttat und Diebstahl zu Pferde sitzen will, sondern einfach zum Zweck berechtigter Selbstverteidigung. Und für mich bedeutet es geradezu einen Akt berechtigter Notwehr, mich einige Stunden des Tages der Stadt zu entziehen, hinaus, aufs Land, über die Felder. Und freies Feld kann man von der Stadt her nur mit dem Fahrrad erreichen. Aber das habe ich bereits gesagt.

Ich beschloss also, ein Fahrrad zu erstehen, ein noch schöneres, als ich vorgestern besaß, bevor es mir gestohlen wurde.

Richard Dehmel

Radlers Seligkeit

Wer niemals fühlte per Pedal,
    dem ist die Welt ein Jammertal!
Ich radle, radle, radle.

Wie herrlich lang war die Chaussee!
Gleich kommt das achte Feld voll Klee.
Ich radle, radle, radle.

Herrgott, wie groß ist die Natur!
Noch siebzehn Kilometer nur.
Ich radle, radle, radle.

Einst suchte man im Pilgerkleid
den Weg zur ew'gen Seligkeit.
Ich radle, radle, radle.

So kann man einfach an den Zeh'n
den Fortschritt des Jahrhunderts sehn.
Ich radle, radle, radle.

Noch Joethe machte das zu Fuß,
und Schiller ritt den Pegasus.
Ick radle!

Pablo Neruda

Ode an das Fahrrad

Ich schritt
auf knirschendem
Wege dahin:
Die Sonne perlte nieder
wie glühender Mais,
und es war
die Erde,
heiß,
ein unendlicher Kreis
mit blauem
leeren Himmel oben.

Zweiräder flogen
vorüber an mir,
die einzigen
Insekten
jener
dürren
Minute des Sommers,
geheimnisvoll,
hastig,
transparent:
Sie schienen mir

nichts als
Schwingung der Luft.

Arbeiter und Mädchen
fuhren
in die Fabriken;
die Augen
hingegeben
dem Sommer,
die Köpfe dem Himmel,
so saßen sie
auf den
Käferflügeln
schwindelerregender
Fahrräder,
die, Brücken, Rosengeheg, Dorngebüsch
und den Mittag
kreuzend,
da sausten.

Ich gedachte der Abende, da
die Jungen
sich waschen,
singen, essen, ein Glas
Wein
erheben,
der Liebe
zum Preis
und des Lebens,
und vor der Tür

wartet
das Fahrrad
regungslos,
denn
aus Bewegung
nur ist seine Seele,
und angelehnt dort
ist es kein
transparentes Insekt,
das den Sommer
durcheilt,
sondern
ein kaltes
Skelett,
das
einen sausenden Leib
nur wiedererlangt,
mit der Dringlichkeit
und dem Licht,
das heißt
mit dem
Wiedererwachen
eines jeden Tags.

Christian Morgenstern

Das treue Rad

Der Radfahrkünstler Sausebrand
ist wohlbekannt in Stadt und Land.

Nicht minder kennen Land und Stadt
Rundumundum, sein treues Rad.

Frühmorgens, wenn die Sonn' aufgeht,
Rundumundum vom Stroh aufsteht,

geht brunnenwärts mit andrem Vieh
und wäscht sich Miene, Brust und Knie.

Worauf's, bis man zum Frühstück pfeift,
mit Karo noch ein Weilchen läuft.

Um sieben tritt aus seiner Tür
laut pfeifend Sausebrand herfür.

Und langgestreckten Laufes naht
Rundumundum, sein treues Rad.

Es kniet sich hin wie ein Kamel
und trinkt vergnügt sein Schälchen Öl.

Und freundlich klopft ihm Sausebrand
den Rücken mit der flachen Hand.

Nun aber schnell! Der Herr ruft: Hopp!
und sprengt davon im Hochgalopp.

Erich Kästner

Münchhausen schreibt ein Reise-Feuilleton

Das war ein Leben in den Gründerjahren!
    Wir fuhren damals – ich und Felix Dahn –
auf Rädern durch den Stillen Ozean.
Von Shanghai aus, wo wir auf Urlaub waren.

Da wir meist die Äquatorspur benutzten,
wurden die Speichen gar nicht allzu nass.
Dahns Hinterrad verrostete etwas,
Bis wir es dann in Honolulu putzten.

Kurz vor den Staaten platzte mir ein Reifen,
als ich um eine Riesenwelle bog.
Das Rad versank, so sehr ich daran zog.
Ich kann das heute noch nicht ganz begreifen.

Den Rest des Meeres musste ich durchwandern!
In San Franzisko stiegen wir an Land.
Chaplin war da und drückte uns die Hand,
und Feste gab man uns, eins nach dem andern.

Man schenkte uns den Roten Radler-Orden,
viel Cornedbeef, weil Dahn es gerne aß,
zwei Negermädchen und ein Opernglas. –
Auf Steinwayflügeln flogen wir nach Norden.

Am Nordpol (und nur deshalb, weil wir froren)
umarmten wir die Mohrenköpfe heiß.
Sie waren steif wie Schokoladeneis,
so dass wir schließlich die Geduld verloren.

Die Globusachse ragte aus dem Eise,
wir zierten sie mit einem Sitzgestell,
das drehte sich und war ein Karussell.
Nun galt's zu handeln, rücksichtslos und weise …

Wir stopften unsre Suahelibräute
in das polare Karussell und flohn
– mit Hilfe eines Ferngesprächs – davon.
Bis nach Berlin, wo man uns Blumen streute.

Oh, man ernannte uns zu Professoren
honoris causa! Dahn verlas vorm Dom
das Schlusskapitel seines *Kampf um Rom*.
Ich sprach von Frisko, Nordpol, Beef und Mohren …

Man rief hurra. Man schwang die Landesfarben.
Das Volk fing Feuer, Flammen zuckten, Rauch
stieg hoch. Die Menge brannte. Und wir auch.
Dies war der Tag, an dem wir, unvorhergesehnermaßen,
    starben.

Alphonse Allais

Ein Radweg um die Welt

Wer mit dem Fahrrad um die Welt reisen will, trifft in Anbetracht der heutigen Verkehrsverhältnisse auf tausenderlei Schwierigkeiten, die keiner Erörterung bedürfen.

Darum fragt sich ja längst alle Welt, warum es nicht eine durchgehende, völlig ebene, ununterbrochene Fahrbahn um unseren Globus geben kann, eine Art erdumschließendes Band.

Bisher verharrte die reizende Idee im Bereich des Utopischen. Nun aber steht dank einer Allianz von Wissenschaft und Kapital ihre Verwirklichung bevor.

Es hat sich nämlich eine große Gesellschaft gegründet, die *Société Générale der weltumspannenden Viadukte für den Radfahrer,* Kapitalbedarf 1 000 000 000 Francs.

Denn mittels einer Milliarde, einer lumpigen kleinen Milliarde, lässt sich dieses großartige Projekt ins Werk setzen. Die zu erwartenden Gewinne sind unausdenklich.

Stellen Sie sich eine fabelhaft leichte, endlose, auf Bambuspfeilern schwebende Hochstraße vor! Wie ungemein elegant sich das ausnehmen wird, und so japanisch!

Der Fahrbahnboden soll aus leichtem Teakholz bestehen, das mit Pegamoid beschichtet ist, einem unverwüstlichen, wasserfesten und unbegrenzt befahrbaren Material.

Zur Überquerung der Meere werden die Pfeiler auf riesigen Schwimmkörpern ruhen, deren heliko-epizykloidale Form sie vor nahezu jeglicher Erschütterung bewahrt.

Die Ingenieure der *Société Générale der weltumspannenden Viadukte für den Radfahrer* versprechen, den ersten Streckenabschnitt bis zur Weltausstellung 1900 fertigzustellen.

Die Trasse wird folgende sein:

Paris (Courbevoie) – Brest – Halifax – Vancouver – Hawaii – Japan – China – Asien – Kaukasus – Russland – Deutschland – Paris (Courbevoie).

Alle hundert Kilometer soll der Radreisende ein hochkomfortables Etablissement vorfinden, das gleichzeitig Hotel, Restaurant, Versorgungs- und Reparaturstützpunkt ist (für sämtliche Streckenabschnitte im Ganzen etwa fünfhundert Etablissements dieser Art, von welchen die Société sich unermessliche Gewinne verspricht).

Natürlich wird eine unter solchen Umständen vorgenommene Weltreise nicht geeignet sein, Land und Leute der durchmessenen Erdteile, ihre Fauna, Flora, Bodenschätze, Sprachen, Kunstwerke usw. usw. zu erkunden. Was die *Société Générale der weltumspannenden Viadukte für den Radfahrer* übrigens auch nicht erstrebt.

Diese bezweckt lediglich, den geschätzten Haltern von Fahrrädern und leichten Motorgefährten das lange Reisen angenehmer zu machen sowie dem weltweiten Sparerwillen eine Geldanlage zu bieten, wie es in einem Jahrhundert keine zweite gibt.

Günter Grass

Tour de France

Als die Spitzengruppe
von einem Zitronenfalter
überholt wurde,
gaben viele Radfahrer das Rennen auf.

Ödön von Horváth

Aus einem Rennradfahrerfamilienleben

Er überrundet bereits die sechste Nacht im Sportpalast – und sein Endspurt zwingt den Zeitrichter, die Lichtsekundenstoppuhr zu zücken!

Inzwischen streitet zu Hause seine Frau mit der Nachbarin: »Was?, ich habe ein Rad zu viel? Ja – gibt es denn ein Rad mit weniger als zwei Rädern?!«

Und was schreibt wohl dem Weihnachtsmann dieser beider Kindlein, das fast auf einem Damenrade geboren wurde, wäre seine geistesgegenwärtige Mutter nicht noch im allerletzten Augenblicke abgesprungen? – Es schreibt:

»Du guter Weihnachtsmann
gib, dass ich bald kann
Rad fahren um häuslichen Herd
rascher als Mond um Erd«

Dann schläft es ein und träumt, während Vater siegt und Mutter Reifen flickt, von Motorradelfen und dem Prinzesslein im Beiwagen; und von Kühlerkobolden auf Märchenkraftwagen und den sieben radfahrenden Geislein, Bremshexen und Übersetzungsschlänglein –

Jerome K. Jerome

Mr. und Mrs Harris auf dem Tandem

So ein Tandem führt immer aufs neue zu Reibereien. Der Vordermann behauptet, der Hintermann sei untätig, und der Hintermann erklärt nicht minder nachdrücklich, er allein sei die bewegende Kraft, und der Vordermann begnüge sich mit dem Schnaufen. Das Problem wird sich nie lösen lassen. Es ist schon ärgerlich, wenn einem die Göttin der Klugheit in das eine Ohr flüstert, man solle sich nicht überanstrengen und an sein Herz denken, während die Göttin der Gerechtigkeit von der anderen Seite haucht: »Warum machst du alles allein? Du fährst doch keine Mietdroschke, und der Bursche da ist nicht dein Fahrgast!«, und es von hinten keucht: »Was ist los? Sind dir die Pedale abgefallen?«

Die Tatsache, dass man als Tandemfahrer nie weiß, was der Partner auf dem hinteren Sattel gerade macht, hat Harris zu Beginn seiner Ehe einmal viel Ärger eingebracht. Er radelte mit seiner Frau durch Holland. Die Straße war steinig, und das Rad holperte.

»Halt dich fest«, sagte Harris, ohne sich umzudrehen.

Mrs. Harris aber hatte verstanden: »Steig ab!« Warum sie gedacht hat, er habe »Steig ab!« gesagt, als er »Halt dich fest!« rief, ist beiden bis heute unerklärlich.

Mrs. Harris formuliert es so: »Warum hätte ich absteigen sollen, wenn du ›Halt dich fest!‹ gesagt hättest?«

Und Mr. Harris hält dagegen: »Hätte ich gewollt, dass du absteigst, warum hätte ich ›Halt dich fest!‹ rufen sollen?«

Die Verbitterung hat sich gelegt, aber ganz ausgestanden ist die Sache immer noch nicht.

Erklärung hin, Erklärung her – an der Tatsache, dass Mrs. Harris abstieg, ist nicht zu rütteln. Indessen hatte Harris, seine Frau noch hinter sich wähnend, kräftig in die Pedale getreten. Zunächst dachte sie, er radele den Hang nur deshalb hoch, um sich wichtig zu machen. Sie waren damals beide jung, und er neigte zu derlei Eskapaden. Sie wartete darauf, dass er, auf dem Gipfelpunkt angekommen, absteigen, sich in anmutig-nonchalanter Haltung an sein Rad lehnen und auf sie warten würde. Als sie sah, dass er ganz im Gegenteil über den höchsten Punkt hinaus und in rasendem Tempo einen steilen Abhang hinunterschoss, war sie zuerst überrascht, dann entrüstet und schließlich bestürzt. Sie lief den Hügel hoch und rief nach ihm, aber er drehte sich nicht um. Sie sah ihm nach, wie er anderthalb Meilen weiter in einem Waldstück verschwand, dann setzte sie sich hin und weinte. Sie hatten vormittags eine kleine Meinungsverschiedenheit ausgetragen, und der Gedanke war nicht von der Hand zu weisen, dass er sich die zu Herzen genommen und sie schnöde verlassen hatte. Mrs. Harris hatte kein Geld und war der niederländischen Sprache nicht mächtig. Den Passanten, die sie mitleidig musterten, versuchte sie, das Geschehene begreiflich zu machen. Die verstanden, dass sie etwas verloren hatte, begriffen aber nicht, was es war. Man brachte sie ins nächste Dorf und holte einen Polizisten. Der deutete ihre Gebärdensprache so, dass ein Mann ihr Fahrrad gestohlen hatte. Der Telegraph wurde in Gang gesetzt, und als sich in einem vier Meilen entfernten Dorf ein unglückseliger junger Bursche fand, der auf einem altmodischen Damenfahrrad herumfuhr, karrte man ihn zu Mrs. Harris, aber da sie offenbar weder von ihm noch von seinem Fahrrad etwas wissen wollte, ließ man ihn wieder laufen, und die Polizei legte ratlos die Hände in den Schoß.

Indessen genoss Harris die Fahrt. Er meinte, mehr Kraft in sich zu spüren, und hatte den Eindruck, dass er ein in jeder Hinsicht besserer Pedaleur geworden war. Der vermeintlich hinter ihm sitzenden Mrs. Harris rief er zu: »Das Rad kommt mir so leicht vor wie seit Monaten nicht mehr. Muss an der Luft liegen.«

Sie solle sich nicht ängstigen, sagte er, jetzt werde er ihr mal zeigen, wie viel Tempo er vorlegen könne. Er beugte sich über den Lenker und strampelte aus Leibeskräften. Das Fahrrad hüpfte über die Straße, als wäre es lebendig. Bauernhäuser und Kirche, Hunde und Hühner kamen Harris entgegen und waren im Nu wieder verschwunden. Alte Leute blieben stehen und machten große Augen, die Kinder jubelten ihm zu.

So legte er mehr als fünf Meilen zurück. Dann schwante ihm, dass irgendetwas nicht stimmte. Dass vom zweiten Sattel her nichts zu hören war, beunruhigte ihn nicht weiter, der Wind rauschte, und das Fahrrad ratterte und klapperte. Doch unversehens beschlich ihn – so drückte er es später aus – ein Gefühl der Leere. Er streckte die Hand nach hinten aus, aber da war nur Luft. Er sprang – oder vielmehr fiel – vom Rad und sah sich um. Hinter ihm verlief eine Straße, weiß und leer, schnurgerade bis zum Wald, auf der weit und breit keine Menschenseele zu sehen war. Er stieg wieder auf und fuhr den Hügel hoch. Zehn Minuten später kam er an eine Stelle, an der die Straße sich in vier verschiedene Richtungen teilte. Dort stieg er erneut ab und versuchte sich zu erinnern, welche Abzweigung er vorhin genommen hatte.

Während er noch grübelte, kam ein Mann vorbei, der seitlich auf einem Pferd saß. Harris hielt ihn und erklärte, er habe seine Frau verloren, was den Mann aber weder überraschte noch ihm Mitleid abnötigte. Sie sprachen noch miteinander, da kam ein zweiter Bauer vorbei, dem der Mann auf dem Pferd die Sache erzählte – nicht wie ein Missgeschick, sondern wie eine erheiternde Anekdote. Der zweite Mann wunderte sich offenbar vor allem darüber, dass Harris wegen dieser Lappalie so einen Wirbel machte. Da Harris aus den beiden kein vernünftiges Wort herausbekam, schwang er sich unter Verwünschungen wieder auf sein Rad und wählte auf Verdacht die mittlere Straße.

Auf halbem Weg begegneten ihm zwei junge Frauen mit einem jungen Mann, an dem sie offenbar viel Spaß hatten. Harris fragte die drei, ob sie seine Frau gesehen hätten. Wie sie aussähe, wollten sie wissen. Seine holländischen Sprachkenntnisse waren zu dürftig für eine exakte Personenbeschreibung, er konnte ihnen nur so viel sagen, dass sie bildhübsch und mittelgroß war. Damit mochten sie sich nicht zufriedengeben, die Beschreibung war ihnen zu allgemein. Schließlich kann so was jeder sagen und sich auf diese Weise womöglich eine Ehefrau angeln, die ihm gar nicht zusteht. Sie fragten, was sie angehabt hätte; er konnte sich beim besten Willen nicht mehr daran erinnern.

Den Mann möchte ich kennenlernen, der zehn Minuten

nach dem Abschied von seiner Frau noch weiß, wie sie angezogen war! Harris sah vage einen blauen Rock vor sich und irgendetwas, was das Kleid oberhalb ergänzte – möglicherweise eine Bluse. Undeutlich stand ihm so etwas wie ein Gürtel vor Augen. Aber was für eine Bluse? Eine grüne, gelbe, blaue? Mit Kragen oder Schleife? Ein Hut mit Federn oder mit Blumen? Oder gar kein Hut? Er traute sich nicht, etwas zu sagen, aus Angst, einen Fehler zu machen und meilenweit der Falschen hinterhergeschickt zu werden. Die beiden jungen Frauen kicherten, was Harris, mitgenommen, wie er war, ziemlich erzürnte. Der junge Mann, der ihn offenbar gern loswerden wollte, verwies ihn an den Polizeiposten der nächstgelegenen Stadt. Harris radelte hin. Bei der Polizei bekam er ein Formular und die Anweisung, eine ausführliche Beschreibung seiner Frau zu Papier zu bringen sowie genaue Angaben darüber, wann und wo er sie verloren hatte. Wo er sie verloren hatte, wusste er nicht, er konnte ihnen nur das Dorf nennen, in dem sie zu Mittag gegessen hatten. Da war sie noch bei ihm gewesen, das wusste er genau, und von dort waren sie zusammen aufgebrochen.

Die Polizeibeamten witterten Unrat. Dreierlei erschien ihnen verdächtig. Erstens: Handelte es sich wirklich um seine Frau? Zweitens: Hatte er sie wirklich verloren? Drittens: Warum hatte er sie verloren? Mit Hilfe eines Hoteliers, der etwas Englisch sprach, gelang es ihm schließlich, die Zweifel der Ordnungshüter zu zerstreuen. Sie versprachen, tätig zu werden, und abends führten sie ihm seine Frau in einem geschlossenen Wagen wieder zu und präsentierten ihm eine Rechnung über die Unkosten, die sie durch ihn gehabt hatten. Das Wiedersehen fiel nicht sehr liebevoll aus. Mrs. Harris besitzt keine schauspielerische Begabung, sie kann sich nur schwer verstellen. In diesem Falle hat sie es, wie sie freimütig zugibt, auch gar nicht erst versucht.

Uwe Johnson

Na, Radfahren bleibt aber Radfahren

Zugegebenermaßen sind die gröbsten Kennzeichen dieses zweirädrigen Fahrgeräts die Einspurigkeit und Antrieb durch kreisende Tretbewegung. Der Anfänger mit dem Fahrrad, der oft eher als sprechen lernte, sich mit Fuß- und Beinmuskeln aufrecht zu halten über seinen vier Stützpunkten von Hacken und Ballen, berührt hierauf den Boden nur noch zweifach, wieder kippt er wie ein Kind. (Vergleich: wie er auf Stelzen ginge.) Ohne klares Bewusstsein versucht er seinen Schwerpunkt (das ist ein Wort für den vorstellbaren Treffpunkt all seines Körpergewichtes) im Bereich seiner zusammenwirkenden Erdberührungen zu halten, hier sind es lediglich die zwei Laufstellen von vorderem und hinterem Rad, die fahren unter ihm weg, der Schwerpunkt kurvt in dem tretend bewegten Körper. Mit noch unbekannten Lenkungen des Vorderrads muss der Lernende seine Schwankungen auffangen vor dem Moment des Fallens: aber indem er lenkt wohin er zu fallen beginnt. Anfangs wird ihm so die Richtung der Fahrt vorgeschrieben. Hat er einmal das Fahrrad und dessen mögliche Bewegungen ausgelernt und erworben als wär's ein Stück von ihm (denn er fällt und fährt mit ihm zusammen), wird er sein Gewicht planend verlegen können, Schwankungen berichtigen die Absicht, krumme Umwege auf engem Pappelweg nötigen zu versammelter

Aufmerksamkeit, die ist bereits besser unterrichtet und neugieriger auf Wiederholungen. (Eine weitsichtige Ausbildung hätte begonnen mit Übungen am Kinderroller, dessen Einspurigkeit diese Wirkungen in ungefährlicher Verkleinerung hervorbringt, aber als Achim sich noch einen hätte wünschen können, wäre er schon lieber erwachsen gewesen und Hitlerjunge.) Vermehrte Fahrgeschwindigkeit jedoch scheint den Lernenden wie übermächtig zu ergreifen, zwischen Kippen und Auffangen geht die Fahrt fast frei hindurch, dem ist nicht zu trauen, er gewöhnt sich wie an Unheimliches (nachdem ihn die eilige Kraft unausweichlich auf einen seitlich herjagenden Pappelstamm zuführte ohne dass er Zeit hat zu denken zu lenken zu bremsen. Er fiel mit der Schulter an den Stamm und begann sich festzuhalten mit bloßem Druck, der Schreck wuchs immer noch. Der Vater kam lange Zeit herangelaufen ohne anzukommen. Dann schüttelte er ihn. Hast du was! – Die Lampe: sagte Achim kleinmütig, denn er glaubte Schuld zu haben. – Ach was: sagte sein Vater unwillig, riss die zersplitterte Kunststoffkappe des Scheinwerfers vom Rahmen, besah sie kaum, warf sie weg, bückte sich danach. Er richtete den Jungen auf dem Rad gerade, führte ihn zurück auf den blauschwarz schwingenden Weg, der von tiefem Sonnenstand warmschattig gefleckt war. – Treten! sagte er schwer atmend ruhiger, und Achim beobachtete aus hängendem Kopf die eigenen Fußbewegungen, setzte sich zurecht, sicherer entfernte er das Rad aus dem Schreck. Das war noch vor Beförderung und Umzug; der Vater saß am Abend über den Bruchteilen des Scheinwerfers, denn sie hatten wohl nicht Geld für einen neuen). In den schneller drehenden Laufrädern tritt vergrößert eine Kreiselwirkung auf, die das Gleichgewicht des Fahrenden beruhigt. (Versuch: Ein an den Achsenden gehaltenes Einzelrad lässt sich seitlich umlegen. Ein schnell umdrehendes Rad wehrt sich gegen das Umkippen mit einem Widerstand, den Drehzahl und das Gewicht der außen sausenden Felgen und Bereifung kräftigen. Das kannst du nicht kippen ohne dass es dir schmerzhaft in die Finger schneidet, am leichtesten hältst du es aufrecht an starrer Achse.) Krümmt der Anfänger seine Fahrtrichtung zur Kurve, überrascht ihn die Fliehkraft und schleudert ihn mehrmals nach außen, bevor er sie begreift und wie er ihr durch Neigung nach innen widerstehen könnte, je schwerer der Fahrer je enger die Kurve desto mehr. (Versuch: Schwinge einen Stein am Bindfaden um das Handgelenk oder um den drehenden Körper im Kreis. Hand oder Körper werden angezerrt von einer Kraft, die mit schnellerem Kreisen, mit schwererem Stein, mit Kürzung des Fadens mächtiger wird.) Wird sie mächtiger als die haftende Reibung des Rades auf der Fahrbahn, rutscht das weniger belastete Vorderrad weg und schmeißt den Fahrenden hin. Er hätte bremsen sollen und nämlich das Hinterrad, auf das der Sattel mehr Gewicht drückt. Nachdem er auch die Kurve gelernt hat durch Schaden und Geratewohl, wird er allenfalls und eher spielerisch versuchen können die Lenkstange loszulassen und über tretenden Beinen stillsitzend mit den Händen in den Taschen oder über der Brust gekreuzt einfahren in den geschotterten Weg der Siedlung an kopfschüttelnden Erwachsenen oder betroffenen Spielkameraden vorbei als wär es nichts. Aber das ist nach der Straßenverkehrsordnung nicht erlaubt, und willst du dir ansehen wie einer zeigt auf der Rennstrecke was du kannst in den dicht geflochtenen Fahrfäden längs der öffentlichen Fahrbahn und in wendigem Einschwenken und Kurven zwischen den von roter Ampel gestauten Autos und auf dem rauschenden Riffelpflaster immer schneller bei Fahrten über Land? Bezahlst du Geld um das zu sehen, wenn Radfahren Radfahren bleibt, und der kann es nicht einmal besser?

Gianni Celati

Geschichte einer Rennfahrerin und ihres Verehrers

Im Jahr 1924 wurden die Teilnehmer des Giro d'Italia, des großen italienischen Radrennens, von der mörderischen Strecke beinahe aufgerieben, nur dreißig von neunzig gestarteten Rennfahrern schafften es, das Rennen bis zum Schluss durchzuhalten, nachdem sie sich über dreitausendfünfhundert Kilometer auf staubigen Straßen abgestrampelt hatten. Am Ziel wurde der Sieger vom Beifall der Menge empfangen, aber einen noch herzlicheren Beifall bekam der Verlierer, der letzte Rennfahrer, der in Mailand eintraf, obwohl er mehrere gefährliche Stürze hinter sich hatte, obwohl er in einer Etappe im Gebirge aus dem Rennen ausgeschieden war, weil er die vorgesehene Zeit überschritten hatte, obwohl ihm keine andere Fürsorge zuteil geworden war als die zwei Mahlzeiten pro Tag, welche ihm die Reifenfirma stiftete, deren Name auf seinem Trikot stand, und schließlich, obwohl dieser Rennfahrer eine Frau war.

Die Zeitungen nannten sie »die Rennfahrerin«; sie war ein kleines, kräftiges Mädchen, das aus einer Bauernfamilie stammte und als einzige Frau in der Geschichte des Radsports bei den offiziellen Rennen mit den sogenannten Meistern der Pedale, normalerweise Männer, konkurrieren konnte.

Ein Foto aus der damaligen Zeit zeigt sie in einer riesigen,

bis zum Knie reichenden Turnhose, wie sie über die Lenkstange eines Rennrades gebeugt einen Feldweg entlangfährt, wo ihr eine Schar barfüßiger Fans zujubelt. Sie hat ein rundes Gesicht mit stark ausgeprägtem Hinterkopf, kleinen Augen und einer sehr breiten Stirn, kurzgeschnittenes, zurückgekämmtes Haar; dicke Waden, kräftige Arme und breite Schultern; ihr Lächeln ist wie ein Halbmond, der an beiden Enden unter den hervorstehenden Wangen verschwindet.

Dieses Foto hängt in der Werkstatt eines Flickschusters, von Adriano Polesine, der jahrelang Höllenqualen litt, weil er in wahnsinniger Liebe zur Rennfahrerin entbrannt war.

Im Alter von zwölf Jahren war er mit seinem Vater nach Mailand gezogen; dort hatte er Abendkurse für das Zuschneiden von Schuhen besucht und bei einem nationalen Wettbewerb für kreative Modelle von Damenschuhen den ersten Preis gewonnen. Er interessierte sich zwar nicht besonders für Sport, aber je mehr er in den Zeitungen über die Rennfahrerin las, desto mehr erwärmte er sich für ihre Unternehmungen; und als jener mörderische Giro d'Italia zu Ende war, glückte es ihm, sich zu einem Festessen, das zu Ehren der Rennfahrerin veranstaltet wurde, einladen zu lassen und sie endlich kennenzulernen.

Die Rennfahrerin war mit einem Ziselierer verheiratet, der sie, als sie fünfzehn war, aus ihrer Familie herausgeholt hatte, wo man nie zugelassen hätte, dass eine Frau einen so männlichen Sport trieb; er hatte ihr die Freiheit gegeben, die sie für die Laufbahn einer Rennfahrerin brauchte.

Nachdem der Modellschuster sie bei dem Festessen eine Stunde lang angeschaut hatte, verliebte er sich in sie und erklärte sich ihr sofort. Die Rennfahrerin konnte diese Erklärung nicht annehmen, denn sie war mit dem Ziselierer glücklich verheiratet und wies daher den Schuster auf grobe Weise ab.

Am nächsten Tag ließ ihr dieser ein von ihm kreiertes und eigenhändig zugeschnittenes Paar Damenschuhe bringen, aber sie schickte es ihm mit folgender Botschaft wieder zurück: »Mich interessieren nur Fahrräder.«

Weil die Rennfahrerin durch den mörderischen Giro d'Italia internationalen Ruhm erworben hatte, rief man sie nach Paris. Hier war sie eine Zeitlang, stets im Wettstreit mit den männlichen Kollegen, auf den Radrennbahnen zu sehen, und hierher kehrte sie auch zurück, als ihr Ehemann gestorben war.

Der Modellschuster, der zur selben Zeit bei einer internationalen Ausstellung von Damenschuhen in Paris eine Auszeichnung bekommen hatte, begab sich eilends in die französische Hauptstadt, um der Rennfahrerin einen Heiratsantrag zu machen. Nach vielen vergeblichen Versuchen, mit ihr in Verbindung zu treten, schrieb er ihr einen Brief und schickte ihr als Geschenk die von ihm kreierten Stiefelchen, für die er die begehrte Auszeichnung bei der Pariser Ausstellung bekommen hatte.

Am Abend schloss er sich in sein Hotelzimmer ein und wartete auf Antwort. Die Antwort kam sofort in Gestalt des einen Stiefelchens, das man ihm zurückerstattete (wo das andere verblieben ist, weiß man nicht), und mit der gewohnten Botschaft: »Mich interessieren nur Fahrräder.«

An jenem Abend packte den Modellschuster, als er allein in seinem Hotelzimmer saß, die Verzweiflung; da kochte er das Lackstiefelchen, das man ihm zurückerstattet hatte, und verzehrte es Stück für Stück.

Die Rennfahrerin heiratete bald darauf wieder, diesmal einen Rennfahrer, einen Weltmeister im 500-m-Fliegerrennen, und mit ihm zusammen trat sie noch eine Zeitlang auf den französischen Rennbahnen auf. Dann kehrte sie nach Italien zurück und machte mit ihrem Ehemann in Mailand eine Reifenwerkstatt auf.

Als auch ihr zweiter Mann starb, führte sie das Geschäft allein weiter; um mit der Welt des Radsports in Verbindung zu bleiben, reparierte sie Reifen und verfolgte die Rennen ihrer Schützlinge.

Eines Tages tauchte der Modellschuster wieder bei ihr auf, er war jetzt kein Modellschuster mehr, denn er hatte diesen Beruf inzwischen an den Nagel gehängt und war zu Fuß durch ganz Europa gewandert, bis hinauf nach Belgien und Holland, unterwegs hatte er auf dem Land Schuhe repariert und war schließlich wegen Landstreicherei verhaftet worden.

Noch einmal machte der ehemalige Modellschuster, jetzt gewöhnlicher Flickschuster, der ehemaligen Rennfahrerin einen Heiratsantrag. Und auch diesmal wies sie ihn ab und behandelte ihn sehr grob, weil ihn Schuhe mehr interessierten als Fahrräder; einen solchen Mann konnte sie nicht zum Gatten nehmen.

Wenn sich die ehemalige Rennfahrerin nun auch schon seit Jahren von den Rennen zurückgezogen hatte, genoss sie doch immer noch eine gewisse Popularität in den Kreisen des Radsports, von dem sie sich bis zum Tage ihres Todes nicht zu trennen beabsichtigte. Auf einem schweren Motor-

rad folgte sie jedem Rennen, an dem ihre Schützlinge teil-
nahmen; so hielt sie es, solange sie lebte, und fuhr mit dem
schweren Motorrad bis zum Tage ihres Todes im Alter von
68 Jahren.

Der ehemalige Modellschuster, nun Flickschuster in einer Kleinstadt im Podelta, ging zu ihrer Beerdigung.

Karl Valentin

Der Radfahrer

Personen: *Der Radfahrer Karl Valentin,*
           ein Schutzmann.

SCHUTZMANN: Halt!
Valentin blinzelt den Schutzmann an.
SCHUTZMANN: Was blinzeln Sie denn so?
VALENTIN: Ihre Weisheit blendet mich, da muss ich meine
Schneebrille aufsetzen.
SCHUTZMANN: Sie haben ja hier eine Hupe, ein Radfahrer
muss doch eine Glocke haben. Hupen dürfen nur die
Autos haben, weil die nicht hupen sollen.
VALENTIN *(drückt auf den Gummiball):* Die meine hupt
nicht.
SCHUTZMANN: Wenn die Hupe nicht hupt, dann hat sie
doch auch keinen Sinn.
VALENTIN: Doch – ich spreche dazu! Passen Sie auf, im-
mer wenn ich ein Zeichen geben muss, dann sage ich
Obacht!
SCHUTZMANN: Und dann haben Sie keinen weißen Strich
hinten am Rad!
VALENTIN: Doch! *(Zeigt seine Hose.)*
SCHUTZMANN: Und Rückstrahler haben Sie auch keinen.
VALENTIN: Doch! *(Sucht in seinen Taschen nach.)* Hier!

SCHUTZMANN: Was heißt in der Tasche – der gehört hinten hin.

VALENTIN *(hält ihn auf die Hose):* Hier?

SCHUTZMANN: Nein – hinten auf das Rad – wie ich sehe, ist das ja ein Transportrad – Sie haben ja da Ziegelsteine, wollen Sie denn bauen?

VALENTIN: Bauen – ich? Nein! – warum soll ich auch noch bauen? Wird ja so so viel gebaut.

SCHUTZMANN: Warum haben Sie dann die schweren Steine an Ihr Rad gebunden?

VALENTIN: Damit ich bei Gegenwind leichter fahre, gestern in der Frühe z. B. ist so ein starker Wind gegangen, da hab ich die Steine nicht dabeigehabt, ich wollt' nach Sendling nauf fahren, daweil bin ich nach Schwabing nunter kommen.

SCHUTZMANN: Wie heißen Sie denn?

VALENTIN: Wrdlbrmpfd.

SCHUTZMANN: Wie?

VALENTIN: Wrdlbrmpfd –

SCHUTZMANN: Wadlstrumpf?

VALENTIN: Wr – dl – brmpfd!

SCHUTZMANN: Reden S' doch deutlich, brummen S' nicht immer in Ihren Bart hinein.

VALENTIN *(zieht den Bart herunter):* Wrdlbrmpfd.

SCHUTZMANN: So ein saublöder Name! – Schaun S' jetzt, dass Sie weiterkommen.

VALENTIN *(fährt weg – kehrt aber noch mal um und sagt zum Schutzmann):* Sie, Herr Schutzmann –

SCHUTZMANN: Was wollen Sie denn noch?

VALENTIN: An schönen Gruß soll ich Ihnen ausrichten von meiner Schwester.

SCHUTZMANN: Danke – ich kenne ja Ihre Schwester gar nicht.

VALENTIN: So eine kleine stumpferte – die kennen Sie nicht? Nein, ich habe mich falsch ausgedrückt, ich mein, ob ich meiner Schwester von Ihnen einen schönen Gruß ausrichten soll?

SCHUTZMANN: Aber ich kenne doch Ihre Schwester gar nicht – wie heißt denn Ihre Schwester?

VALENTIN: Die heißt auch Wrdlbrmpfd –

Giovannino Guareschi

Don Camillo und das Fahrrad

Don Camillo hatte niemals Handel betrieben, der Handel gefiel ihm aber als Schauspiel; und so bestieg er am Samstag nach Sonnenaufgang sein Fahrrad und begab sich nach Villa, um sich den Markt anzuschauen.

Er interessierte sich sehr für das Vieh, landwirtschaftliche Maschinen, Kunstdünger und Schädlingsbekämpfungsmittel. Und wenn er hie und da ein Päckchen Schwefel oder Kupfersulfat für seine vier Weinreben kaufte, die er hinter dem Pfarrhof hatte, dann war er außerordentlich befriedigt und fühlte sich wenigstens ebenso sehr als Landwirt wie Bidazzi, der Herr über sechshundert Morgen Land war. Außerdem gab es auf dem Markt so viele Stände und Unterhaltungen und jene Atmosphäre der Fröhlichkeit und der Fülle, die zur Hebung der Moral beiträgt.

Don Camillo nützte also den schönen Tag aus, bestieg an diesem Samstag sein Fahrrad und trat fröhlich die zwölf Kilometer bis Villa herunter. Der Markt war toll, es gab so viele Leute wie noch nie, und Don Camillo unterhielt sich mehr, als wenn er auf der Mailänder Messe gewesen wäre.

Gegen halb zwölf loste er sein Fahrrad von der Aufbewahrung aus, zog es an der Lenkstange durch das Gemenge hinter sich und strebte der kleinen Straße zu, nach der das freie Gelände beginnt.

Da schob der Teufel seinen glatten Schwanz dazwischen. Als Don Camillo an einem Laden vorbeiging, erinnerte er sich, dass er irgendeine Kleinigkeit kaufen müsste, lehnte sein Fahrrad an die Wand, ging hinein, und als er herauskam, war das Fahrrad weg.

Don Camillo war eine übergroße Maschine aus Knochen und Muskeln; von der Fußsohle bis zum Scheitel war er groß wie ein Mann auf einem Hocker, während er vom Scheitel bis zum Fuß wenigstens noch eine Spanne größer war; das heißt, dass ihn die anderen in einer gewissen Art sahen, während er sich selbst anders sah, weil der Mut Don Camillos ausgerechnet eine Spanne größer war als seine Gestalt. Auch wenn ein Jagdgewehr vor seinen Augen losging, verlor er nicht eine Spur von seiner Fassung. Stolperte er aber über einen Stein oder spielte man ihm einen Streich, dann war er imstande, die Fassung zu verlieren, und es konnten ihm ob der Demütigung Tränen in die Augen kommen.

In solchen Augenblicken empfand er eine Art Mitleid mit sich selbst, und seine Seele wurde von Traurigkeit erfüllt.

Er machte keine Szene.

Er begnügte sich damit, einen Alten, der vor dem Laden stand, gleichgültig zu fragen, ob er jemanden auf einem Damenrad mit grünem Schutznetz gesehen habe. Als dieser antwortete, er könne sich nicht erinnern, jemanden gesehen zu haben, tippte er an den Hutrand und ging fort.

Er ging am Gendarmerieposten vorbei, dachte aber nicht einmal daran, einzutreten. Die Tatsache, dass man einem armen Priester mit fünfundzwanzig Lire in der Tasche sein Fahrrad gestohlen hatte, war eine moralische Angelegenheit und daher eine Sache, die man mit den gewöhnlichen Dingen des Lebens nicht vermengen darf. Die Reichen sind es, die sogleich eine Anzeige erstatten, wenn man sie bestohlen hat; für sie ist das nämlich eine reine Geldangelegenheit, während es für die Armen eine Beleidigung ist, wenn ihnen ein Diebstahl widerfährt, genauso, wie wenn ein Schurke einem Einbeinigen absichtlich den Fuß stellt oder ihm das Holzbein bricht.

Don Camillo zog den Hut ins Gesicht und wandte sich heimwärts. Sobald er einen Karren hinter sich hörte, verließ er die Straße und versteckte sich, aus Angst, man könnte ihn auffordern, das Fuhrwerk zu besteigen. Er wollte zu Fuß gehen, es passte ihm nicht in den Kram, mit jemandem sprechen zu müssen. Vor allem wollte er nun die zwölf Kilometer mit den Füßen abklappern, sozusagen um die Schuld des Gauners zu vergrößern, der an ihm einen so gemeinen Diebstahl begangen hatte, aus Lust, sich noch mehr gekränkt fühlen zu können. So ging er eine Stunde, ohne stehenzubleiben, allein wie ein Hund auf der Straße in praller Sonne und Staub, das Herz voll Mitleid mit diesem unglücklichen Don Camillo, mit dem er sich wie mit jemand anderem beschäftigte.

Er ging eine Stunde ohne stehenzubleiben auf der einsamen Straße. Als er zur Einbiegung einer zweitrangigen Straße kam, setzte er sich auf die Brüstung einer kleinen Ziegelbrücke, und siehe, dort lehnte sein Fahrrad.

Es war wirklich sein Fahrrad, er kannte jeden Zoll an ihm, ein Irrtum war ausgeschlossen.

Er schaute sich um, niemand war zu sehen.

Er berührte das Fahrrad; mit dem Fingernagel klopfte er auf die Lenkstange; es war aus Eisen, es war keine Illusion.

Wieder schaute er sich um; kein lebendiges Wesen. Das nächste Haus war wenigstens einen Kilometer entfernt. Die Hecken waren noch nackt und blattlos.

Er beugte sich über die Brüstung. Da saß ein Mann im ausgetrockneten Graben.

Der Mann schaute hinauf und machte eine Kopfbewegung, als ob er sagen wollte: »Na und?«

»Das ist mein Fahrrad«, stotterte Don Camillo.

»Welches Fahrrad?«

»Dieses, das hier an der Brücke lehnt.«

»Schon gut«, bemerkte der Mann. »Wenn ein Fahrrad an der Brücke lehnt und das Fahrrad Ihnen gehört, was geht das mich an?«

Don Camillo war verwirrt.

»Ich fragte nur«, erklärte er. »Ich wollte nicht fehlgehen.«

»Sind Sie sicher, dass es Ihnen gehört?«

»Gewiss! Vor einer Stunde hat man es mir in Villa gestohlen, als ich in einem Laden war. Ich versteh nicht, wie es hierherkommt.«

Der Mann lachte.

»Es wird des Wartens müde geworden sein und ist davongelaufen.«

Don Camillo breitete die Arme aus.

»Als Priester werden Sie wohl imstande sein, ein Geheimnis bei sich zu behalten?«, erkundigte sich der Mann.

»Gewiss.«

»Gut, dann sage ich Ihnen, dass das Fahrrad hier ist, weil ich es hergebracht habe.«

Don Camillo machte große Augen.

»Haben Sie es irgendwo gefunden?«

»Ja, ich habe es vor dem Laden gefunden, in den Sie hineingegangen waren, und da habe ich es weggenommen.«

Don Camillo stutzte einen Augenblick.

»War das ein Scherz?«

»Reden wir keine Dummheiten!«, protestierte der Mann
beleidigt. »Was stellen Sie sich vor? Ich sollte in meinem
Alter noch herumlaufen und solche Scherze machen? Ich
hatte es in allem Ernst weggenommen. Dann habe ich es mir
überlegt und bin Ihnen nachgefahren. Ich bin Ihnen bis zwei
Kilometer vor dieser Stelle gefolgt, dann nahm ich die Ab-
kürzung über die untere Straße, kam hierher und stellte es
Ihnen vor die Nase.«

Don Camillo setzte sich auf den Brückenrand und blickte
auf den Mann, der im Graben saß.

»Warum haben Sie das Fahrrad genommen, wenn es nicht Ihnen gehört?«

»Jeder hat sein Geschäft. Sie arbeiten in der Seelenbranche und ich in Fahrrädern.«

»Hast du schon immer diesen Beruf ausgeübt?«

»Nein, erst seit zwei oder drei Monaten. Ich besuche Kirchweihfeste und Märkte und arbeite mit ruhigem Gewissen, weil alle diese Bauern zu Hause große Korbflaschen vollgestopft mit Tausendern haben. Heute früh wollte mir nichts gelingen, und so habe ich schließlich Ihr Fahrrad genommen. Von weitem habe ich dann gesehen, wie Sie aus dem Laden kamen und sich ohne ein Wort auf den Weg machten. Dann haben mich Gewissensbisse gepackt, und ich bin Ihnen nachgefahren. Eigentlich kann ich gar nicht begreifen, wie das zugegangen ist; Tatsache ist, dass ich Ihnen nachfahren musste. Warum haben Sie sich immer versteckt, wenn ein Karren in die Nähe kam? Wussten Sie, dass ich dahinter war?«

»Nein.«

»Ich war aber dahinter! Wenn Sie einen Karren bestiegen hätten, wäre ich zurückgefahren. Sie sind aber weiter zu Fuß gegangen, und so habe ich tun müssen, was ich getan habe.«

Don Camillo schüttelte den Kopf.

»Und wohin gehst du jetzt?«

»Zurück nach Villa, vielleicht gelingt mir eine andere Sache.«

»Ein anderes Fahrrad?«

»Natürlich.«

»Dann nimm dieses.«

Der Mann blickte auf.

»Hochwürden, nicht einmal, wenn es aus Gold wäre! Ich spüre, ich würde es mein ganzes Leben auf dem Gewissen haben. Es würde mir die Karriere verderben. Halte dich weit von den Pfaffen!«

Don Camillo fragte ihn, ob er schon gegessen habe. Der andere verneinte.

»Dann komm zu mir essen.«

Ein Karren näherte sich, es war Brelli.

»Auf, auf, du Gauner! Nimm das Fahrrad, und folge mir. Ich steige auf den Karren.« Er hielt Brelli an und ließ sich mitnehmen; ihn schmerze ein Bein, sagte er.

Der Mann verließ den Graben und kam auf die Straße zurück. Er war außer sich vor Wut, schmiss den Hut auf den Boden, sagte eine Menge böser Worte an die Adresse vieler Heiliger und bestieg dann das Fahrrad.

Der Tisch war schon seit zehn Minuten gedeckt, als Don Camillo den Mann mit dem Fahrrad den Pfarrhof betreten sah.

»Du musst dich damit zufriedengeben«, sagte Don Camillo. »Es gibt nur Brot, Wurst und ein Stück Käse und etwas Wein.«

»Keine Sorge, Hochwürden«, antwortete der Mann, »ich habe schon daran gedacht«, und legte ein Huhn auf den Tisch. »Es ist gerade über die Straße gelaufen«, erklärte er. »Ohne es zu wollen, bin ich ihm mit dem Fahrrad über den Hals gefahren. Es tat mir leid, es so im Todeskampf auf der Straße liegenzulassen, und ich habe seine Schmerzen abgekürzt. Hochwürden, schauen Sie mich nicht so an. Wenn Sie es richtig braten lassen, wird Ihnen Gott bestimmt verzeihen.«

Don Camillo ließ es braten und holte eine Flasche vom Besten. Nach einigen Stunden wollte sich der Mann verabschieden und schien sehr besorgt.

»Jetzt«, sagte er, »ist es ein Kreuz, in das Fahrradgeschäft wieder zurückzukehren. Sie haben mir die Zuversicht geraubt.«

»Hast du Familie?«

»Nein, ich bin ledig.«

»Gut, ich nehme dich als Küster. Der frühere ist vor zwei Tagen weggegangen.«

»Aber ich kann nicht die Glocken läuten.«

»Ein Mann, der Fahrräder stehlen kann, lernt es schnell.«

Der Mann schüttelte den Kopf und breitete die Arme aus.

»Verflucht seien Sie und der Tag, an dem ich Ihnen begegnet bin!« Und blieb und wurde Küster.

Siegfried Lenz

Die Kunstradfahrer

Früher war das hier mal eine Fabrik mit heilen Fenstern. Die Schienen sind noch da und der dünne, behelmte Schornstein. Auch die Lagerschuppen stehen noch da, und auf dem Hof ein paar altmodische Schwungräder, die langsam immer tiefer in die Erde sacken. Sonst ist hier nichts mehr los, keine Arbeiter, keine summenden Maschinen. Drinnen zieht es ganz schön, weil fast alle Fenster dran glauben mussten. Peng, peng, so flogen die raus, wenn wir die Schleudern auf sie anlegten oder einfach Zielwürfe machten mit Schottersteinen.

Kalli ging auch nur zur alten Fabrik, um da Zielübungen zu machen. Zwischen den rostenden Gleisen sammelte er schon mal Schottersteine, die waren scharf und kantig. In der Tasche fühlten sich die Steine kühl an, in der Hand waren sie warm. Was er aufgehoben hatte, das reichte bestimmt für sechs Fensterscheiben, oder für die zackigen Reste, die noch vom Kitt gehalten wurden. Er ging zwischen den Schienen auf das große schwarze Tor zu, seine Hand zuckte schon, man kennt das ja.

Ein hölzerner Flügel des Tors war zur Hälfte geöffnet, er bewegte sich nicht, schlug nicht, denn es ging kein Wind an diesem stillen Augustabend. Mörtel rieselte aus den alten Mauern, das kam wohl von der Hitze. Wenn es hier Eidechsen gegeben hätte, die hätten sich ungestört sonnen können auf den warmen Mauern. Vögel ließen sich hier auch nicht blicken.

Jetzt rief da ein Mann in der Fabrik, das klang wie »Achtung«, und dann fluchte er enttäuscht und sagte »mitzählen« und »aufpassen« und so etwas. Kalli duckte sich gleich. Er legte sich hinter einen verbeulten länglichen Kessel, der bestimmt zu nichts mehr zu gebrauchen war. Er lauschte und fischte vorsichtig die Schottersteine aus den Taschen, die drückten nämlich. Rufe, wieder waren da Rufe zu hören. Es klatschte. Es knallte. Es dröhnte, als ob einer von ziemlich hoch auf den Fabrikboden sprang. Einer der Männer musste Paul heißen, denn der andere fragte immer wieder: Warum klappt es heute nicht, Paul? Was ist los mit dir, Paul?

Durch das große Tor schleicht sich keiner an, das ist schon mal sicher. Kalli schlängelte sich durch hohes Gras und Schafgarbe zur Rückwand der Fabrik, da hatten sie einfach ein Stück brandiger Mauer auseinandergebrochen und das Loch später mit Teerpappe zugemacht. Er schob die Teerpappe zur Seite. Er kniete sich hin. Zuerst blendete ihn die schräg einfallende Sonne, und er musste die Augen schließen. Dann aber, allmählich, gewöhnte er sich an das Licht und erkannte die beiden Männer auf einem Fahrrad. Die Männer trugen Turnhemden mit breiten Brustringen. Sie hatten hellblaue Trainingshosen an. Ihre Turnschuhe hatten weiße Kappen, und beide trugen komische, vielleicht selbstgemachte Sturzhelme. Es waren Kunstradfahrer. Sie trainierten auf dem harten, ebenmäßigen Boden der Fabrik, auf einem Stück, das sie wohl vermessen und mit Kreide aufgezeichnet hatten.

Die Männer waren schon ziemlich alt, mindestens über zwanzig, und sie waren Brüder, das sah man ihnen auch an. Auf einem hölzernen Fass lagen ihre Hosen und Jacken und karierten Hemden. An das Fass gelehnt hatten sie ihre schlappen Ledermappen, aus einer Mappe guckte eine Thermosflasche heraus. Die Brüder waren wohl gleich nach der Arbeit hierhergekommen, zum Training.

Kalli erkannte sofort, dass der jüngere Bruder Paul hieß. Er war der sogenannte Obermann. Er saß dem älteren Bruder, der regelmäßige Kreise fuhr, nicht etwa auf dem Rücken, sondern auf den Schultern. Steif saß er da, mit ausgebreiteten Armen, die Beine ganz schön verschlungen. Mühelos kreisten sie. Kein einziges Mal gerieten sie über die Grenze, über den Kreidestrich. Sie kreisten, als sammelten sie Schwung und Mut. Und dann – hip – gab der ältere Bruder ein Kommando und riss das Fahrrad hoch. Es sah aus, als ob das leichte Fahrrad bockte und scheute und sich wie ein Pferd auf die Hinterhand erhob, so nennt man das wohl. Jetzt trug sie nur das Hinterrad. Paul schwankte oben und fuchtelte. Er griff in die Luft, aber er konnte sich halten, und der ältere Bruder, der einfach Wim hieß, ließ nun auch die Lenkstange los und breitete seine Arme aus. Ruckweise zogen sie nun einen Kreis, richteten ihre Arme aus, machten da so einen Doppeldecker.

Niemand braucht zu fragen, ob sie schnaubten oder stöhnten oder zischten, denn was die so von sich gaben, hörte sich an wie ein ganzes Kraftwerk. Und erst die Muskeln! Kalli sah nur, wie die prall wurden, sich aufwölbten und mächtig hervortraten. Wenn Wim zum Beispiel die Wadenmuskeln geplatzt wären – pff –, Kalli hätte sich bestimmt nicht gewundert. Am meisten aber begeisterte sich Kalli für die Kommandos. Kunstradfahrer kommen wohl ohne Kommandos überhaupt nicht aus. Da geht es immer nur hip und hup und holla, und auf jedes Kommando geschieht etwas.

Jippi, kommandierte Wim, und beide verlagerten ihr Gewicht nach vorn. Das Vorderrad setzte wieder auf. Wim packte die Lenkstange, und Paul glitt über seinen Rücken und sprang ab. Da klatschte Kalli los. Er wollte gar nicht klatschen, aber seine Hände waren schneller. Er klatschte einfach, weil sie ihm einen so schönen Doppeldecker vorgeführt hatten. Und die Kunstradfahrer staunten, als er durch das Mauerloch trat – vielleicht hatten die noch nie Beifall bekommen. Weil sie schwitzten, trockneten sie sich erst mal mit einem langen, gelben Handtuch ab. Dann schüttelten sie aus einem Tütchen weißes Pulver auf ihre Hände, jetzt konnten sie besser zupacken. Aber erst einmal mussten sie verschnaufen und pumpten sich mächtig auf. Wenn die Luft holten, dann geriet einem gleich der Scheitel in Unordnung.

Wim fragte Kalli: Kannst du auch schon Fahrrad fahren? Kalli schüttelte den Kopf. Sie hatten so anderthalb Fahrräder zu Hause, die standen im Schuppen. Eines gehörte seinem Vater, das hatte immer nur Plattfuß vorn und hinten. Das andere war ein neuer Rahmen mit Sattel, aber ohne Räder. Beide waren ziemlich verstaubt und lehnten aneinander. Nein, sagte Kalli, ich kann noch nicht fahren.

Darauf schickten ihn die Kunstradfahrer weg. Sie schickten ihn nicht unfreundlich weg. Wenn Kunstradfahrer üben, wollen sie keine Zuschauer haben, das ist es. Kunstradfahrer denken immer, dass einer ihre Kunststücke verraten könnte, all die Schwünge und Drehungen und Balanceakte. Deshalb gaben sie sich erst wieder Kommandos, nachdem Kalli weg war: Hip, holla, jippii!

Natürlich ging Kalli nicht nach Hause. Er kletterte auf das flache Dach des ehemaligen Maschinenhauses. Dort hockte er sich hinter eine dreckige Scheibe und putzte eine Öffnung blank. Das war der schönste Platz, um die Kunstradfahrer zu beobachten. Was sie noch vorführten? Also, Paul führte einen Kopfstand auf dem Sattel vor. Und Wim zeigte, wie gut er das leichte Fahrrad gezähmt hatte: Mit ausgebreiteten Armen stellte er sich auf den Sattel, und das Fahrrad fuhr gehorsam im Kreis und kam nicht ein einziges Mal über die Kreidelinie. Nur beim Handstand auf der Lenkstange kippte er ab. Patz, da lag er und biss sich auf den Finger. Finito, kommandierte er, das hieß wohl: Schluss für heute. Danach zogen sie sich um.

Kalli erwartete sie draußen am löchrigen Drahtzaun. Er sah das glänzende, leichte Fahrrad an. Es hatte einen ganz schmalen Sattel und keinen Rücklauf. An der Hinterachse waren zwei Tritte zum Hochklappen, die hielten einen Mann aus. Die Lenkstange war beinahe waagerecht, nicht so geschwungen wie bei einem Rennrad. Kalli fragte, ob er das Rad schieben dürfe, aber der jüngere Bruder winkte ab. Er wollte das Rad selbst schieben. So sind eben Kunstradfahrer. Aber er durfte hinter ihnen hergehen auf dem schmalen, buckligen Trampelpfad. Auch die Kunstradfahrer wohnten in der Siedlung, vielleicht sieben Häuser weiter als Kalli, da gingen sie jetzt hin.

Wohin es Kalli zog, weiß man schon. Er ging in den Schuppen, besah sich gemächlich die anderthalb Fahrräder, schätzte da was ab, pfiff durch die Zähne. Dann band er die

Satteltasche ab und schüttete alles aus, was drin war: Schraubenschlüssel, Ventile, Sandpapier und kleine rote Gummipflaster zum Flicken der Schläuche. Er überlegte. Wenn er die beiden Schläuche flickte, wenn er die beiden Räder abmontierte, wenn er sie unter den neuen Rahmen schraubte – er bekäme ein ganz gutes Fahrrad. Allein aber schaffte er es nicht. Darum ging er zu seinem Vater, der gerade wieder einmal sein Auto wusch. Er fragte: Schenkst du mir dein altes Rad? Wozu denn das, fragte sein Vater. Ich will Kunstradfahrer werden, sagte Kalli. Klar, sagte sein Vater, für Kunstradfahrer tu ich alles. Die dürfen sich alles von mir wünschen. So schnell bekam Kalli sein erstes Fahrrad.

Fahren zu lernen, das brauchte er kaum noch. Zuerst half ihm seine Schwester; die hielt eine Hand am Sattel und lief mit. Aber auf einmal wurde er zu schnell, sie musste den Sattel loslassen, und Kalli sauste allein die Straße hinab. Die Wende gelang. Er war ganz schön begeistert, als er merkte, wie gut das Fahrrad ihm gehorchte. Zum Dank ölte er es gleich dreimal hintereinander. Und dann wollte er es in der Nacht neben seinem Bett stehen haben, einfach weil er glaubte, dass ein richtiger Kunstfahrer sein Rad nie allein lassen darf. Aber sein Vater sagte, dass es im Schuppen ja auch ganz gemütlich sei. Kalli war einverstanden, aber er musste sein Rad noch unbedingt mit Säcken zudecken. Jetzt konnte man jeden Tag einen Flitzer in der Siedlung beobachten, fiu, fiu. Dem stand beim Sausen das kleine Handtuch steif nach hinten ab. Weil große Kunstradfahrer beim Training oft ein Handtuch um den Hals legen, trug er natürlich auch ein Handtuch, das hatte ihm seine Mutter geschenkt. Bald fuhr er einhändig, dann freihändig. Schlange fuhr er sowieso. Er

konnte so scharf bremsen, dass das Hinterrad zur Seite flog – trotzdem brauchte er nicht abzusteigen. Am liebsten bremste er natürlich auf Sandwegen ab, das gab eine plötzliche Staubwolke. Manchmal sah er die beiden Kunstradfahrer, er grüßte sie dann. Aber sie waren ernst und schweigsam und grüßten kaum zurück. Sie schienen ihn gar nicht wiederzuerkennen. Vielleicht müssen Kunstradfahrer so sein, dachte Kalli, vielleicht sind sie immer in Gedanken.

Die Kinder in der Siedlung, auch ältere, überholte er leicht. Keiner konnte so lange wie er auf dem stehenden Rad Balance halten, ohne runterzukippen. Keiner ölte aber auch sein Fahrrad so oft wie er. Dreimal am Tag: Auch für einen Kunstradfahrer ist das ein bisschen übertrieben, oder?

Mehrmals in der Woche übten die beiden alten Brüder in der ehemaligen Fabrik. Das hatte Kalli schon herausbekommen. Sie übten am Montag, am Mittwoch und am Freitag; das sind wohl die besten Tage für Kunstradfahrer. Man braucht nicht zu fragen, warum. Wenn die Brüder den buckligen Trampelpfad herabkamen, lag Kalli schon auf dem Dach des Maschinenhauses. Das Beobachtungsfenster war blankgeputzt. Und dann erlebte er ihr Training.

Zuerst fingen sie mit Bodengymnastik an, Rumpfbeugen und Strecken und Liegestütz. Sie liefen auf der Stelle. Sie rollten die Arme aus den Schultern. Mit ernsten Gesichtern machten sie Hand- und Kopfstände. Sie rissen gleichzeitig die Oberschenkel so hoch, dass diese die Brust berührten. Dann ein Kommando von Winn, und sie schoben das Rad über den Kreidestrich, in das aufgezeichnete Feld. Jetzt drehten sie ein paar lässige Runden; so fingen sie immer an. Kalli war ziemlich aufgeregt, weil er sich alles merken wollte.

Er beobachtete genau, wie sich Wim langsam über die Lenkstange schob. Auch an der Vorderachse waren zwei Tritte zum Hochklappen. Blitzschnell drehte sich Wim, suchte nach den Pedalen und fuhr nun mit dem Rücken zur Fahrtrichtung. Das war schon was.

Und nun – hip – sprang Paul auf. Er kletterte behutsam und etwas zittrig an seinem älteren Bruder hoch. Wim hatte da schon etwas auszuhalten: ein Knie auf dem Rücken, dann das andere Knie, schließlich beide Füße auf seinem Nacken. Vorsichtig richtete Paul sich auf. Hoch aufgerichtet stand auch er mit dem Rücken zur Fahrtrichtung, eine ganze Runde lang. Immer ruhiger wurde ihre Fahrt, immer gesammelter. Es war schon vorauszusehen, dass gleich etwas Besonderes passieren würde. Und da – holla – passierte es. Paul, der Obermann, krümmte sich leicht. Er schnellte vom Nacken seines Bruders los, wirbelte herum, gegen die Fahrtrichtung probierte er einen Salto rückwärts, das war so etwa der höchste Schwierigkeitsgrad. Natürlich wollte er auf den Füßen landen. Gedacht war, dass Wim neben ihm halten und beide sich die Hand reichen sollten. Aber Paul schaffte es nicht, nein, er drehte sich etwas zu viel. Tsseng, da lag er. Er musste sich ganz hübsch weh getan haben, denn er rollte sich auf den Bauch und wieder auf den Rücken und zappelte mit den Beinen. Wim stieg gleich ab. Er versuchte seinen Bruder aufzuheben, das ging einfach nicht. Paul konnte nicht auf den Füßen stehen, er klappte immer zusammen. Dabei fallen Kunstradfahrer meistens so, dass ihnen überhaupt nichts weh tut.

Wim beugte sich über seinen Bruder und sprach mit ihm. Und plötzlich zog er sich ganz schnell an, ohne ein Kommando zu geben. Kalli dachte, dass er jetzt vielleicht gebraucht werden könnte, darum kletterte er vom Dach und fragte: Ist ihm was passiert? Der ältere Kunstradfahrer war gar nicht höflich, er sagte nur: Mach, dass du hier wegkommst. Kalli sagte noch: Soll ich Hilfe holen? Darauf ging Wim nicht ein. Düster sagte er: Zieh Leine, Menschenskind, wir wollen dich hier nicht mehr sehn. So geht es manchmal, auch wenn man nur helfen will.

Dann schoben die Kunstradfahrer ab. Paul saß auf dem Rahmen, und Wim führte das Rad. Paul hatte einen Arm um seinen Bruder gelegt, so ging das leichter. Es war nichts mehr zu sagen zwischen ihnen. Von weitem sahen sie ziemlich traurig und fertig aus. Man konnte meinen, sie hätten für immer aufgegeben. Vor der Siedlung stieg Kalli auf sein Rad. Er hatte Lust, die Brüder freihändig zu überholen, aber er wagte es nicht. Erst als sie in ihrem Haus verschwunden waren, drehte er auf, wendete und fuhr zur Fabrik zurück.

Jetzt hatte Kalli den glatten, ebenmäßigen Boden der Fabrik ganz für sich. Jeden Tag fuhr er hierher, das ging Woche um Woche. Die Kunstradfahrer blieben weg, da ließ es sich ungestört trainieren. Nur die Kommandos musste er sich selbst geben. Er fing genauso an wie die Kunstradfahrer, mit Hüpfen und Rumpfbeugen und Liegestützen. Dann aber machte er etwas, was er sich allein ausgedacht hatte: Aus dem Maschinenhaus liefen wohl noch einige abgestützte Rohre, auf die sprang er – jippii! –, und auf den schwingenden Rohren machte er Balanceübungen, vor und zurück, tänzeln, blitzschnell wenden. Die Rohre federten. Sie wippten. Ein knapper Sprung, ein Gegendruck, und Kalli machte, dass die Rohre wieder still waren – mit der Zeit lernt man das.

Von den Rohren ging es dann zur Wand. Auf einigen Säcken – als Unterlage – übte er Kopfstand. Später kam Handstand dran, aber noch mit den Füßen an der Wand. Radschlagen probierte er erst gar nicht, denn das ist nichts für Kunstradfahrer – warum, weiß keiner. Und zum Schluss, wenn er gelenkig und locker genug war, wenn er schon ein bisschen schwitzte, schnappte er sich sein Fahrrad. Zuerst drehte er Runden, das war nicht leicht bei der großen Übersetzung. Kunstradfahrer fahren nämlich mit sehr kleiner Übersetzung. Nur ganz selten überfuhr er den Kreidestrich, er hielt sich schon ganz schön im vorgeschriebenen Feld. Er konnte die Kurven auch schon freihändig fahren. Sein größtes Kunststück? Das war wohl der sogenannte Flieger: ein Bein auf dem Rahmen, das andere nach hinten weggestreckt und beide Hände auf der Lenkstange, während das Rad sanft ausrollte. Aber Kalli wollte mehr, wie jeder Kunstradfahrer.

Immer wieder probierte er, auf dem Sattel zu stehen, und immer wieder, tsseng, flog er herunter. Manchmal schürfte er sich ein wenig Haut ab. Manchmal schlug er sich das Knie auf oder den Ellenbogen, das verkrustete dann schnell. Zwei Vorderzähne – hip – waren ihm auch schon rausgeflogen, als er einmal auf die Lenkstange schlug. Aber Kunstradfahrer machen sich nichts draus, die fahren bis zum letzten Zahn. Haben die mal verschorfte oder blutige Stellen, dann zeigen sie sich die wie Abzeichen.

Wenn Kalli nach Hause kam, wartete seine Mutter schon mit Pflastern. Alles zusammen hatte er vielleicht schon drei Meter Pflaster verbraucht. Wo das überall klebte! Am Knie sowieso und an den Ellenbogen. Aber Kalli bekam manchmal auch ziemlich weit hinten ein Pflaster, zum Beispiel am Steißbein. Einmal bepflasterte sie ihm das Gesicht, da sah er aus wie eine vergnügte Eule.

Die Mutter schüttelte nur den Kopf. Kallis Vater aber sagte: Ich möchte endlich mal einen Sohn haben, der nicht von Pflastern verklebt ist. Wenn das nicht bald aufhört, dann kommt das Fahrrad in den Schuppen. Finito! Aber Kalli ging weiter zur alten Fabrik und probierte immer nur die eine Sache: freihändig auf dem Sattel zu stehen. Das musste er schaffen, auch wenn es zehn Meter Pflaster kostete.

Doch dann passierte das mit seiner Hose zum zweiten Mal. Einmal hatte er sich bei einer Drehung die Hosentasche an der Lenkstange weggerissen; das war nichts. Diesmal stürzte er so über sein Fahrrad, dass ein Pedal ihm ein ganzes Hosenbein aufriss, nun flatterte es nur so um ihn herum. Dazu kam eine lange Schramme auf dem Schenkel, rot und brennend, und eine Schwellung auf der Stirn, nicht schlimmer als ein Wespenstich. Kallis Mutter, die wenig vertrug, sagte nur: Jetzt reicht es aber. Und sein Vater sagte: Jetzt ist das Fass voll – er meinte natürlich, das Maß. Ohne ein weiteres Wort schloss er das Fahrrad in den Schuppen ein. Er warf alte Säcke über das Fahrrad, als sollte es nie mehr ans Tageslicht kommen. Den Schlüssel zog er mit finsterem Gesicht ab und hängte ihn an seinen Autoschlüssel, da war er sicher.

Jeder weiß, dass ein Kunstradfahrer sein Training nicht unterbrechen darf, weil man zu schnell aus der Übung kommt und auch die Kommandos vergisst. Darum konnte Kalli es sich gar nicht leisten, mit dem Üben aufzuhören. Nur – woher sollte er ein Fahrrad bekommen? Marlies, die ziemlich dick war und auch in der Siedlung wohnte, die hatte ein

Fahrrad. Aber sie ließ keinen darauf fahren, lieber stellte sie es auf den Balkon. Und das Fahrrad von Franz war nur für Anfänger, da liefen neben dem Hinterrad noch zwei kleine Räder mit, so als Stütze, damit man nicht runterfiel. Kalli machte sich auf die Suche und beobachtete heimlich herumstehende Fahrräder in der Siedlung. Ein alter klappriger Wocken stand den ganzen Tag vor dem Gemüsegeschäft; der gab nichts mehr her, der sah schon aus wie eine quietschende Nähmaschine. Am schönsten war schon das Fahrrad der Gemeindeschwester. Jeden Nachmittag kam sie in die Siedlung, um den kranken Kapitän zu pflegen. Das dauerte mitunter zwei Stunden. Vor der Lenkstange hatte sie einen Korb hängen, den nahm sie ab und trug ihn ins Haus. Es war ein Damenfahrrad, sicher, aber es hatte gute weißwandige Gummidecken und sah neu aus und schien leicht zu laufen.

Kalli glaubte, dass Gemeindeschwestern nicht allzu viel für Kunstradfahrer übrighaben, darum fragte er erst gar nicht. Er saß einfach auf und strampelte zur alten Fabrik. Dort fing er mit leichten Übungen an, schließlich muss auch ein Kunstradfahrer ein Fahrrad erst kennenlernen. Das Rad der Gemeindeschwester kam ihm lebendiger vor als das Rad seines Vaters. Es war bockiger und nervöser. Die Lenkstange schlug öfter um. Es war eben ein Damenfahrrad, um es mal so zu sagen. Mehrmals fiel er herunter, tsseng, wir wollen gar nicht zählen, wie oft er abspringen musste. Aber er hielt sich in Übung und fuhr immer zeitig zurück, um das Fahrrad vor dem Haus des kranken Kapitäns abzustellen. Pflaster? Pflaster musste seine Mutter immer noch kaufen. Während sie es ihm aufklebte, hinten und vorn, wunderte sie sich über all die Schrammen und Abschürfungen. Das kommt wohl von den Ästen, sagte dann Kalli. Wir bauen uns nämlich eine Hütte hoch auf einem Baum. Fall mir da bloß nicht runter, sagte seine Mutter.

Die Gemeindeschwester kam immer pünktlich. Kalli war gleich zur Stelle und übernahm das Rad so selbstverständlich, als hätte sie es nur für ihn abgestellt. Manchmal dachte er: Hoffentlich wird der alte Kapitän nicht zu schnell gesund, sonst muss ich mich nach einem neuen Fahrrad umsehen. Mit der Zeit hatte er sich sogar an das Damenfahrrad gewöhnt. Jetzt benutzte er es schon zum zwölften Mal.

Er fuhr zügig den Trampelpfad hinab. In der Fabrik zog er seinen Pullover aus; nur in Turnhemd und Turnhose begann er mit den Übungen. Heute kam ihm alles leicht und möglich vor, das gibt es ja. Wie Kalli auf den wippenden Rohren sprang, wie er da wippte und jeden Sprung ausbalancierte: Damit konnte er sich schon sehen lassen. Er hatte das Gefühl, dass ihm heute alles gelingen müsste. Die Runden im Kreisfeld hatte er noch nie so mühelos und abgezirkelt gefahren. Also jetzt oder nie, das große Kunststück, die Gesellenprüfung der Kunstradfahrer: der Stand auf dem Sattel mit ausgebreiteten Armen. Ein Fuß ist schon oben, noch halten die Hände die Lenkstange. Nun den anderen Fuß, behutsam, gleichmäßig, auch das ist geschafft. Das Rad gehorcht, wird langsamer. So, und jetzt aufrichten zum Stand, höher, noch höher, die Arme dürfen ruhig wackeln. Kalli steht oben, schwankend, aber er steht. Da setzte der Beifall ein. Vom großen Tor her kam auf einmal heftiger Beifall, und dann hörte er Ausrufe der Bewunderung und fröhlichen Lärm. Er musste einfach hinübersehen, wenn auch nur für einen winzigen Augenblick. Dort standen die beiden Kunstradfahrer, ziemlich verblüfft, wie man sich denken kann, vor allem aber begeistert. Sie waren es, die so wild Beifall klatschten.

Ja, er blickte nur für einen winzigen Augenblick zum Tor, aber das genügte. Die Lenkstange schlug um. Das Hinterrad rutschte einfach weg unter ihm. Er bekam Übergewicht und stürzte. Er stürzte so eigenartig, dass das Rad halb auf ihm lag, der Vorderreifen drehte sich noch.

Schmerzen hatte er keine, nur in seinem Kopf dröhnte es. Er sah Feuerräder und aufsteigende Luftballons, die auf einmal platzten. Aufstehen konnte Kalli nicht. Und dann war es dunkel, und er hörte nichts mehr, das kommt vor, vor allem bei Kunstradfahrern.

Aber das geht auch vorüber, besonders wenn man bei offenem Fenster liegt und die Sonne scheint und die alte Fabrik nicht weit ist. Kalli nämlich wachte im Bett auf. Was da so schwer auf seiner Stirn lag, das war ein Verband. Kalli dachte: Ach du liebe Neune, dann betastete er den Verband. In seinem Kopf grummelte es noch ein bisschen, das war so, als säße er in einer großen Betonröhre im Bahndamm und über ihm donnerte ein Güterzug vorbei. Schöne Bescherung, dachte Kalli, da bleibt man lieber liegen, bis der Wind sich gelegt hat.

Als seine Mutter hereinkam, schloss er gleich die Augen, aber nicht ganz. Er blinzelte nur und konnte sehen, dass sie leise ging. Sie brachte ihm eine Tasse Kakao, das war schon mal ein gutes Zeichen. Er machte schnell, als ob er aufwachte. Sie sagte: Du siehst schon viel besser aus, Kalli. Er trank den Kakao in kleinen Schlucken. Und seine Mutter stand am Fenster und sah ihm zu. Da sagte er: Wirklich, Mami, ich hab's geschafft, ich stand auf dem Sattel, und nur weil die auf einmal klatschten, hab ich nicht aufgepasst. Du musst jetzt still sein, sagte die Mutter, und vor allem musst du gesund werden. Nachdem sie gegangen war, dachte Kalli: So, das hätten wir.

Nur sein Vater, der ließ sich kaum sehen. Selten genug steckte er den Kopf herein. Er fragte höchstens: Na, du Kunst-radfahrer? Mehr brachte er nicht fertig, und Kalli glaubte, dass ihm da eine große Abrechnung bevorstand. Um das alles hinter sich zu bringen, beeilte er sich ziemlich mit dem Gesundwerden, und an einem Freitag war er wieder ganz gesund.

Sein Vater wusch mal wieder das Auto. Kalli ging zu ihm und sagte: Wenn du willst, helfe ich dir ein bisschen. Er nahm auch gleich den Lederlappen und wischte die Schei-ben blank. Ich helf dir jetzt immer, sagte Kalli. Das hoffe ich, sagte sein Vater, denn du stehst bei mir ganz schön in der Kreide. Die Kette war nämlich gerissen, du weißt schon, an welchem Rad. Ich habe die ganze Reparatur bezahlt.

Kalli wischte die Windschutzscheibe von innen blank. Und während er rieb, so immer von oben nach unten, sah er die beiden Kunstradfahrer aus dem Haus kommen. Paul schob das leichte, blitzende Rad. Sie kamen näher und grüß-ten Kallis Vater. Sie sprachen mit ihm, und Kalli duckte sich und machte sich ganz klein – warum, wusste er auch nicht. Und plötzlich sagte sein Vater: Deine Freunde sind hier, sie gehen zum Training. Willst du sie nicht begleiten und zu-gucken? Kalli kam ungläubig hinter dem Sitz hervor. Die Kunstradfahrer lachten. Beide gaben ihm die Hand, und Paul wischte ihm einmal übers Haar, sehr gutmütig. Er sagte: Ein Kunstradfahrer *muss* einmal Pech haben, sonst ist er kein richtiger Kunstradfahrer. Nur üben, das sollte er nicht allein. Kunstradfahrer üben nur gemeinsam. Merk dir das, sagte sein Vater.

Jetzt ging Wim noch einmal ins Haus zurück. Kalli blickte zur Fabrik hinunter. Die lag still und bereit da, als ob sie ihn erwartete. Ich werde nie mehr allein üben, sagte Kalli und versprach es seinem Vater in die Hand. Als Wim zurückkehrte, führte er ein zweites leichtes Rad neben sich, ein Spezialrad für Kunstradfahrer. Er führte es an Kalli heran, dann ließ er es fallen – aber so, dass Kalli es auffing. Das ist unser Reserverad, sagte Paul. Damit wurden wir schon Norddeutscher Meister. Darf ich es führen?, fragte Kalli. Fahren, Junge, sagte Wim, fahren sollst du es. Weil es ein Meisterrad ist, darf es nur von einem Meister gefahren werden. Na, sagte Kallis Vater, am Sonntag kommen wir alle mal rüber. Dann wollen wir uns mal ansehen, was die Meister zu bieten haben. He, rief Kalli, dann müssen wir uns aber beeilen. Schließlich muss ich den ganzen Rückstand im Training aufholen. Er stieß die beiden Kunstradfahrer aufmunternd an. Alle nickten sich zu. Kalli zog natürlich ungeduldig als Erster los, hüpfte und schnaubte fröhlich. Und auch das Meisterrad schien ganz ungeduldig, Kalli musste es am Sattel zurückhalten, so drängte es nach vorn.

Vom buckligen Trampelpfad winkte er seinem Vater zu. Und sein Vater winkte mit dem Ledertuch zurück.

Joachim Ringelnatz

Der arme Pilmartine

Schon seit Wochen hatten Plakate verkündet, der Franzose
Pilmartine würde einen neuen Fallschirm vorführen.
Auf der Siebenhenkerwiese war ein dreißig Meter hoher
Holzturm erbaut. Und an dem Sonntag strömten die ge-
putzten Einwohner der kleinen Stadt hinaus.

Es ging vergnüglich, festlich und spannend zu, wie bei jeder ähnlichen Veranstaltung, und als Monsieur Pilmartine in
einem Automobil auf der Wiese eintraf, wurde er mit Hände-
klatschen empfangen. Es folgte eine Ansprache, Musik. Dann
sah man den Franzosen unten am Treppenansatz des Turmes
verschwinden und bald darauf oben auf der Plattform des
Turmes erscheinen, wo er einen ungeheuren Schirm auf-
spannte.

Totenstille trat ein. Nur der infame Lümmel, der Fidje
Pappendeik, der Lehrling vom Bürstenhändler Hohmann,
benahm sich auf dem Stehplatz lausejungenmäßig, indem er
unentwegt laut grölte: »Abfahrt! Auf Wiedersehen! Adieu!«

Das weite Publikum zischte: »Pst!« Man rief empört:
»Maul halten!« und schließlich: »Raus mit dem Flegel!«

Aber Fidje Pappendeik überschrie alle: »Lasst mich doch,
ich fahre jetzt nach dem Monde!« Damit sprang er über die
Barriere, lief in die abgesperrte innere Wiese, wo außer einem Arzt, einem Schutzmann, einem Fahrrad, einer Bahre

und zwei Sanitätern sich nichts und niemand befand. Fidje Pappendeik aber sprang mit behender Schnelligkeit auf das Fahrrad, fuhr ein Stück über die holperige Wiese hin, und auf einmal – – ehe jemand daran dachte, den Störenfried – – auf einmal – ohne dass irgendjemand bemerkte – – niemand ahnte oder war darauf gefasst – – kurz, auf einmal hob sich das Fahrrad, und Fidje Pappendeik fuhr auf einem ganz gewöhnlichen Fahrrad, nicht anders, als wie jeder Radfahrer fährt, fuhr aber durch die Luft, auf, über Luft, fuhr schräg aufwärts in die Wolken.

Kurzes Fluchen. Dann tausendfältiges »Ah!« – »Bravo!« Begeistertes Schreien.

Dieses Phänomen war unbeschreiblich aufregend, packend, verblüffend. Hinterher behaupteten alle Teilnehmer, es hätte eine Stunde gedauert. Und vollzog sich so schnell! Denn Fidje Pappendeik mochte noch keine hundert Meter zurückgelegt haben, unten schoss man Gratulationen ihm nach – als er ein schnelleres Tempo anschlug und bald danach zwischen zwei Lämmerwölkchen verschwand.

Flüche und Verwünschungen wurden laut. Dem Arzt war sein Fahrrad, Herrn Hohmann sein Lehrling, den alten Pappendeiks ihr Einziger und einem Zuckerbäcker sein Hauptschuldner entschwunden. Kein Mensch hatte mehr an Pilmartine gedacht. Darüber gebärdete sich der Franzose so wütend, dass er ausrutschend ohne Fallschirm vom Turme fiel; und weil auch sein Genickbruch vom Publikum über dem höheren Ereignis unbeachtet blieb, pumpten sich nun auch der Impresario und das pekuniär und ideell beteiligte Festkomitee mit Zorn auf. Half aber nix.

Die Stadt, die Provinz, die Hauptstadt, die Sportwelt, die

Wissenschaft beschäftigten sich mehr und mehr und nach zwei Jahren weniger und weniger mit dem Wunder Fidje Pappendeiks Himmelfahrt. Kam auch nichts heraus. Denn einwandfrei ward nachgewiesen: dass der Sanitätsrat nicht mit im Spiel gewesen war, dass sein Fahrrad ein durchaus normales war und von Pappendeik gestohlen wurde und dass Pappendeik selber einen in jeder Beziehung ordinären Menschen und Lehrling darstellte.

Da Vater Pappendeik das Fahrrad und den Zuckerbäcker sowie einige Beschwichtigungen bezahlte, so blieb nichts übrig als eine sich mehr und mehr entstellende Erinnerung an eine Massenvision und an jemanden, der wirklich weg war.

Drei Jahre waren nach dem Vorfall vergangen, als der Bürstenhändler Hohmann eines Nachts durch Straßenlärm und Glassplitter geweckt wurde. Draußen stand fidel Fidje Pappendeik mit dem Fahrrad.

Lediglich aus Neugierde nahm Herr Hohmann den alten Lehrling wieder auf und war alle Welt zu diesem freundlich. Aber weder dem Bürstenhändler noch irgendjemand anderem, nicht einmal seinen Eltern erzählte Fidje auch nur das Geringste von dem, was er erlebt hatte oder wo er gewesen wäre oder wie er so habe fliegen können. Es kamen Petitionen, Reporter, Professoren, jedoch wenn nicht schon der eifersüchtige Hohmann diese endlosen Wissbegierigen aus dem Hause warf, so erstickte sein Lehrling jedes Interview im Keime, indem er sich plötzlich blödsinnig stellte und stumm Grimassen schnitt oder alle Fragen konstant mit Kopfschütteln beantwortete oder auch gar zu aufdringliche Beharrlichkeit durch noch aufdringlicheres unanständiges Benehmen in die Flucht jagte. Fidje Pappendeik war der verhassteste Mensch.

Aber obwohl jeder Bürger gelegentlich jedem Bürger einmal versichert hatte, wie er für seine Person es nicht für der Rede wert hielte, sich mit einem unreifen Bengel und einer Jahrmarktsgaukelei noch länger zu befassen, so kochte und gärte doch überall eine alles Dagewesene übertreffende Neugierde. Das Gemüt einer ganzen Stadt blieb in qualvoller Unordnung. Längst war das Fahrrad verrostet, das man so oft fotografiert hatte, ohne dass irgendetwas Auffälliges daran zu entdecken war. Zahllose Bücher waren ohne Resultat geschrieben worden. Und Fidje Pappendeik lebte harmlos vergnügt, durchschnittsmäßig dahin; ohne etwas zu verraten und ohne davon Notiz zu nehmen, dass ein bohrendes Fragezeichen von ihm ausgehend durch die Welt wucherte, welches an Bedeutung beispielsweise das Shakespeare-Bacon-Geheimnis übertraf. Hohmann kündigte seinem Lehrling.

Alle Mitbürger ignorierten den grünen Jungen. Nur der Kommerzienrat Dr. Ernst Levin bewies den Mut zu einer Sympathiebezeugung für Fidje, indem er ihm ein stattliches Vermögen schenkte; starb allerdings gleich darauf an einer Darmfistel.

Fidje Pappendeik war reich geworden, lebte indessen nicht viel anders als bisher, harmlos, vergnügt, durchschnittsmäßig, ohne zu verraten und ohne Kenntnis zu nehmen. Alles bahnte Versöhnung mit ihm an und hasste ihn insgeheim noch grimmiger.

Weil eine ganze Stadt zu ersticken drohte, war es ein Verdienst des Staatsanwaltes Kirschrot, dass er einen Plan ersann zur sicheren und würdevollen Lüftung des Mysteriums.

Kirschrot bestach drei Gasarbeiter mit Enzianschnaps. Die drei Gasarbeiter erhoben Anklage gegen Fidje Pappendeik und beschuldigten ihn:

1. die Tochter des einen Gasarbeiters entführt und verführt zu haben,
2. im Ausland Spionage getrieben zu haben,
3. als fanatischer Anhänger einer kirchlichen Sekte zwei Waisenkinder totgetreten und beraubt zu haben.

Dies alles verübt während der drei Jahre nach seinem Start von der Siebenhenkerwiese.

Dieser hochsensationelle sexual-politische Ritualdoppelraubmord-Prozess musste unter freiem Himmel verhandelt werden. Die gesamte Einwohnerschaft, das rostige Fahrrad und die Siebenhenkerwiese waren zugegen. Die Verhandlung gestaltete sich nach der üblichen Einleitung etwa folgendermaßen:

Staatsanwalt: Wo fuhren Sie zunächst hin?

Angeklagter: In die Luft.

Staatsanwalt: Hatten Sie ein bestimmtes Ziel und welches?

Angeklagter: Ja, den Mond.

Staatsanwalt: Erreichten Sie ihn?

Angeklagter: Nein, ich verirrte mich und geriet auf den Fixstern Glyzerin. *Bewegung im Publikum.*

Staatsanwalt: Was taten Sie dort? Wie ging es zu? Wie lange blieben –? Erzählen Sie der Wahrheit gemäß und recht ausführlich. *Atemlose Stille.*

Angeklagter: Auf Glyzerin geht es genauso zu wie bei uns, bloß dass die Menschen dort nur von Leberwurst leben. *Heiterkeit.*

Staatsanwalt: Und was taten Sie dort?

Angeklagter: Ich aß sechs Monate lang Leberwurst. Dann bekam ich den Durchfall, übergab mich und radelte davon. *Lärm, Pfui-Rufe.*

Staatsanwalt: Ich verbitte mir jegliche Kundgebung seitens der Zuhörerschaft, sonst sehe ich mich genötigt, den Ausschluss der Öffentlichkeit zu be– *Atemlose Stille.*

Staatsanwalt: Angeklagter, berichten Sie weiter, genau und ausführlich. Wo fuhren Sie hin? Was trafen Sie wie? Wodurch?

Angeklagter: Ich geriet auf den Planeten Klopsia. Dort gibt es nur anständige Leute.

Staatsanwalt: Weiter! Weiter! Wieso? Was heißt das? Erzählen Sie doch! Welcher Gestalt taten Sie –?

Angeklagter: Ich legte mich in ein Kohlrabibeet, schlief zwei Jahre lang und radelte dann weiter.

Staatsanwalt: Häm – Sonderbar. – In der Tat. Aber die Methode ist uns nicht mehr neu. Wir kommen schon dahinter. Sprechen Sie weiter, Angeklagter. Wo? Nach welcher –?

Angeklagter: Ich landete auf dem Seitenmonde Exlibris.

Staatsanwalt: Exlibris?? *Unruhe.*

Angeklagter: Ja, Exlibris. Dort ging es fürchterlich zu. Hört! Hört!

Staatsanwalt: Fürchterlich? – Ruhe auf der Galerie! – Wollte sagen unter freiem Himmel. – Wieso fürchterlich?

Angeklagter: Ja. Ich kam todmüde an, entkleidete mich, ohne recht zu wissen wie, stopfte meine Kleider in den Schrank, kroch ins Bett und schlief gleich ein. Bis das Entsetzliche geschah. *Alle Zuhörer stehen unwillkürlich auf.*

Staatsanwalt: Welches Entsetzliche? Stocken Sie doch nicht fortwährend.

Angeklagter: Ich erwachte plötzlich. Die Lampe brannte. Da sah ich aus dem Türspalt des Kleiderschrankes einen nackten Arm herausragen, der mir meine zerknüllte Hose reichte, und eine hohle Stimme sagte: »Liederjahn!« Ich sträubte mein Haar, kroch unters Bettdeck. Und als ich wieder erwachte, hatte ich ein halbes Jahr verschlafen. Da radelte ich zur Erde zurück. *Minutenlanger Lärm, dann Stille.*

Staatsanwalt: Angeklagter, Sie haben bisher dreist gelogen.

Angeklagter: Ja.

Staatsanwalt: Wir wissen Mittel und Wege, Sie zahm zu machen. Aber erklären Sie uns jetzt zunächst einmal, wie Sie es fertigbringen, sich mit einem Fahrrad in die Luft zu erheben.

Angeklagter: Das kann ich nicht. Ich setze mich einfach drauf und fliege los.

Staatsanwalt: Quatsch! Ich setze mich auch einfach drauf und fliege nicht los. Also!?

Der Angeklagte schweigt.

Staatsanwalt: Können Sie uns den Vorgang vielleicht praktisch vorführen?

Angeklagter: Ja. *Es wird ihm das rostige Fahrrad gebracht. Angeklagter vormachend* Ich ergreife die Lenkstange erst mit der linken, dann mit der rechten Hand. Dann setze ich den linken Fuß auf das linke Pedal. Dann hole ich ganz, ganz tief Atem. *Allgemeines tiefes Atemholen.*

Staatsanwalt: Das ist recht, so erzählen Sie vernünftig. Fahren Sie fort!

Angeklagter: Dann fahre ich fort. *Er schwingt sich auf den Sattel und tritt an. Fährt ein Stück über den Rasen, hebt sich dann in die Luft und bewegt sich erst langsam, auf einmal sehr schnell gen Himmel.*
Und kam nie zurück.

Lídia Jorge

Eine Liebe

M an weiß nie, was eine Reise tief innerlich fürs Herz bedeutet. Als verränne die Zeit plötzlich auf andere Weise, ja als veränderte sich das Maß ihrer Stunden selbst und etwas Verlorenes tauchte wieder auf, so schwindet eine Ungewissheit, eine Liebe endet, und eine neue, die man nie für möglich gehalten hat, keimt auf. Dinge, die wir immer separat gesehen haben, verknüpfen sich miteinander, Bilder, die beziehungslos in unserem Leben schweben, fügen sich zusammen und formen eine neue Sinnfolge. Manchmal auch wird die Sicht aus der Distanz so leuchtend klar, dass man das Ende vom Ende sieht, und man möchte umkehren, selbst wenn es nirgendwohin führt. Es geschah bei einem Ortswechsel, der sich zufällig zu einer Reise gestaltete. Ganz unerwartet gab es da in dieser langgestreckten und steil aufragenden Stadt am Lake Ontario, wohin das Augenblicksschicksal mich geweht hatte, noch Eisblumen, und die Stadt brachte mir aus weiter Ferne das Gefährt zurück.

Wer hätte das gedacht? Seit ewigen Zeiten hatte ich es nicht aus seinem schützenden Versteck, dem Beutel der geheimen Schätze, herausgelassen, auch wenn gelegentlich sein Sattel, die Pedale oder das Bild seines ziegenhaft geschwungenen Lenkers als einzelne Gegenstände vor meinem Auge auftauchten. Das war unvermeidlich. Wer jemals die Wege des

Paradieses auf einem Gefährt der Wonne sitzend befahren hat, kann dessen Bild nie mehr vergessen. Vielleicht aber will er es nicht als Ganzes vor Augen sehen. Will vielleicht nicht leiden wegen etwas, das verloren ist oder nur die Vortäuschung eines Bildes, das einmal war, aber inzwischen schal geworden ist. Das Gefährt nun hatte mich zwar an jenem Tag, als mein Onkel Fernando mich Greta Garbo nannte, zum Margeritenfeld getragen, doch hatte es mich auch verraten, am Boden zerstört und mir meinen ersten großen Kummer bereitet. Dennoch, nach all diesen Jahren, als hätte es über die Zeit heil bleiben können, begegnete es mir komplett zusammengesetzt auf dem Eis fahrend wieder, so wie einst auf den Feldwegen in Hitze und Staub.

Die Bar des Royal York Hotel, freitags von Trinkern unterschiedlicher Art bevölkert, die weit vor Mitternacht auf die Tische sackten, erinnerte mit ihren moosdunkel tapezierten Wänden an den Grund eines leergepumpten, stickigen Bassins, war aber nicht schummrig genug, um nicht das Gefährt über die Straße eines anderen Terrains fahren zu lassen. Ich hatte mich an einen Tisch gesetzt. Durch die Glastür konnte ich sehen, wer hinausging und wer hereinkam, vor allem, wer seinen Hut und Trenchcoat an der Garderobe ablegte. Das ferne Fahrrad erschien im Profil, zeigte das Funkeln seiner Speichen, die sich im Sonnenschein drehten, und die Welt leuchtete in einem anderen Licht. Wann war das gewesen? Mein Onkel hatte mir zum Abschied gewinkt, und dann war der Zug, uralt wie eine Austerlitz-Kanone, im Morgengrauen davongedonnert und hatte ihn, immer mehr von der Seite und mit erhobenem Arm, hinter die Bäume entführt, zwischen denen die Waggonschlange verschwand.

Mein Gott, das war ein seltsamer Morgen! Noch nie hatte ich mit jemandem darüber gesprochen, nicht weil ich wünschte, er wäre ausgelöscht, sondern weil er mich in eine schwierig zu beschreibende Sphäre versetzte. Sowohl mein Onkel als auch das Gefährt und ich hatten uns am Rande einer anderen Zeit befunden; in diesem Augenblick allerdings, gegenüber der Tür zur Bar des Royal York, holte unser gegenwärtiges Dasein blitzschnell den Lauf der Welt ein. Ich dachte zurück: Unberührt von dem Wandel, der sich in der kleinen und in der großen Welt vollzog, und dem Bau der Straßen, die dem Leben eine andere Färbung geben sollten, galt das Kurbelgrammophon in unserem Haus damals als neueste Erfindung. Drei Petroleumkocher, die die Suppe vergifteten, waren die große Errungenschaft der Frauen, und in unserer Küche standen sie über diese Kocher gebeugt, von Gürteln eingezwängt, die ihnen wie stramme Sattelgurte die Luft nahmen. Mit ihren eingeknickten Hüften sahen sie wie Spinnen aus. Sie waren vier Frauen, tüchtig und ohne Männer; unter ihnen meine Mutter, und alle arbeiteten mit der Energie von Ameisen von Sonnenaufgang an. Unter der Weinlaube vor der Tür saß regungslos im Lehnstuhl der Großvater. Und dazwischen, wie eine nicht zu bändigende, herrenlose, keine Schranken kennende Meute, tummelten wir uns, die Kinder, Geschwister, Cousins und Cousinen. Sonst niemand. Doch wenn es Abend wurde, kam endlich rasend schnell auf seinem Gefährt unser Onkel angeflogen.

Wir sahen ihn schon von weitem mit seiner gestreiften Kappe, seinen gekreuzten Hosenträgern, die Hosenbeine seitlich mit Klammern zusammengehalten, und unsere Freudenschreie schnitten den Spätnachmittag in zwei Hälften wie eine Frucht – vor und nach der Ankunft unseres geliebten Onkels. Dann verwandelte sich der vollkommen flache Streifen Tiefebene im Süden meines Landes, auf dem das Haus meines Großvaters stand, in einen lärmenden Festplatz. Wenn ich an diese Abende zurückdenke, kann ich mich an keinen Schmerz, an keine beklemmende Stimmung erinnern. Alles, was mir in den Sinn kommt, ist weich und sanft wie die Liebkosung eines Kindes oder ein Kuss von seinen kleinen Lippen. Dabei wusste ich, dass in Wirklichkeit, auch wenn in jüngster Zeit niemand gestorben war, über uns eine nicht greifbare Tragödie schwebte. Oder genauer gesagt: ein unbestimmtes Drama, kaum mehr als das dumpfe Gefühl, dass etwas Ungutes die Tür unseres Hauses einen Spalt weit geöffnet vorgefunden und sich ein für alle Mal festgesetzt hatte.

Nicht, dass die jungen Frauen, die meine Mutter und meine Tanten damals waren, nicht gesungen hätten. Doch, sie sangen. Sie stellten das Grammophon an, lauschten dem Text und setzten ihn neu zusammen, und das Hauchen ihrer vereinten Seufzer ergab eine viel reizvollere Musik als die kratzenden Töne, die die Kurbel erzeugte. Sich gegenseitig um die Schultern fassend, bildeten sie zwei Paare und tanzten auch. Es war schön, sie so frühabends tanzen zu sehen und es ihnen mit kleinen Hüpfern nachzumachen. Hin und wieder saßen sie über Stoffe gebeugt und nähten und stopften, als wären die Stunden dazu geschaffen, unter ihren Fingern zu vergehen. Jetzt, da ich sie aus der Distanz sehe und weiß, was damals in der Welt geschah, begreife ich, wie erstarrt sie waren, von der Zeit verzauberte Objekte. Die weibliche Komponente im Haus war intakt mit all dem Schwatzen, dem Beleidigtsein reihum, den Küchenstreitereien, den Kindern, der hinten in der Schublade versteckten Unterwäsche, die sie nie untereinander tauschten. Abends weinten sie am Fenster. Sie hatten keinen Krieg erlebt, aber sie lebten in einem ähnlichen Zustand wie Kriegsfrauen. Sie lasen Briefe. Sie bewahrten Briefe auf, schrieben Briefe mit ihren altertümlichen Federhaltern. Ihre Männer waren alle fortgegangen.

Alle, ja, doch nicht alle zur gleichen Zeit. Zuerst war der eine gegangen, dann der zweite und schließlich die letzten beiden, sie hatten sich auf die verschiedenen Erdenwinkel verteilt, als wären sie verfeindet, was sie gar nicht waren. Sie selbst hatten ihre jungen Frauen in das gemeinsame Vaterhaus gebracht und sie mitsamt ihren Kisten, Kindern und Kochern dagelassen. Da wir drei – wir waren zwei Geschwister – als Letzte gekommen waren, hatten wir das Zimmer mit gewölbter Decke bezogen, das nach hinten hinaus lag, das dunkelste von allen. Aber manche schliefen auch in den Fluren und Winkelnischen eines Hauses, das zu groß war, um ganz bewohnt zu werden. Und in dieser Gemeinschaft aus Kindern und Frauen übte mein Großvater, gebrechlich und unbeweglich in seinem Stuhl sitzend, seine Autorität als männlicher Vorstand aus und verzweifelte. Es sei denn, er ließ seinen jüngsten Sohn kommen, jenen, der später zu seinem Verdruss auf dem Gefährt rasend schnell Rillen in den Staub der Straßen ziehen sollte.

Eines Sonntagmorgens ließ er ihn kommen. An diesem Tag saß er im Sessel, und wir konnten alle hören, was er sagte: »Hör gut zu. Es ist Zeit, dass du ein anderes Leben führst. Schau dich um, was siehst du hier? Kinder und Frauen. So, und wenn alle anderen mich im Stich gelassen haben, nur du nicht, dann bist du für mein Alter zuständig, und dieses Haus gehört dir…« Mein Onkel, Amateurfotograf und Radrennfahrer, stand mit Entsetzen im Blick da.

»Ich, Vater? Aber warum denn ich?«

»Weil Gott gewollt hat, dass du die Stütze deines Vaters bist, für sein Wohl und sein Hab und Gut sorgst und genauso für diese Kinder und Frauen, die die anderen hiergelassen haben…« Und er wandte den Blick ab. »Wenn du nicht bleibst, bring ich mich um! Willst du uns vielleicht alle von Tagelöhnern abhängig machen?« Und in diesem Ton redete er weiter, bis es längst Abend geworden war.

»Aber warum ich, Vater? Warum?«

Und dann gab unser Onkel zu unserer Freude sein Leben auf und zog in das riesige Haus ein. Er zog ein. Aber er war nicht der, dessen Einzug unser Großvater sich gewünscht hatte. Als würde er sich nie auf einen Stuhl setzen, hörte Onkel Fernando auf seinem Fahrrad sitzend geistesabwesend zu, spielte mit den Pedalen und machte nie auch nur eine einzige schriftliche Notiz über den Gang der Geschäfte. Die Fuhrwerke zogen mit Fracht und Männern beladen los, und er, als hätte er nichts damit zu tun, setzte sich, seine Kappe nach hinten gedreht, auf das Rennrad und raste vor ihnen oder hinter ihnen über die Landstraße. Schlimmer noch. Wenn sie zu Orten aufbrachen, zu denen es keine richtigen Straßen gab, weigerte er sich mitzufahren, da die Räder seines Fahrrads durch die Unebenheiten auf den Wegen verbogen würden. Das Schreien unseres unbeweglichen Großvaters war weithin zu hören, und es machte überdeutlich, wie sehr er das Fahrrad hasste. Er hasste auch die Kodak mit ihrem Balg und die Schreibmaschine, auf der unser Onkel unsere Namen stolz mit geschlossenen Augen zusammensetzte. Aber sein Zorn, sein tiefer Hass galt ungeschmälert dem Fahrrad Marke Deka, das er laut schreiend als das *Gefährt* beschimpfte. Anfangs hatte er es das *Mistding* genannt und später *Karre* und *Teufelsacht,* bis er auf diese verächtliche Bezeichnung verfiel, so etwas wie das entartete Gerät an sich.

»Schafft mir dieses verfluchte Gefährt aus den Augen! Weg mit diesem Gefääährt!«

Sein Brüllen klang zwar unmenschlich, doch der Onkel schien es nicht zu hören, und unser Leben – immer hinter ihm her, jeder von uns wollte derjenige sein, der das Gefährt bis in jene Zimmerecke schob, wo das Renngerät die Nacht verbrachte – war schön und voller Abenteuer. Welche

Schuld traf uns, wenn der Großvater sich nicht mehr bewegen konnte und seine Söhne fortgegangen waren und ihn ungerührt seinem Schicksal überlassen hatten, wie er sich immer beschwerte, wo doch der glückliche Zufall uns einen Onkel beschert hatte und dieser Onkel sein Rennrad über alles liebte? Ironischerweise klang die Bezeichnung, die unser Großvater ihm als Ausdruck seines Hasses verliehen hatte, für uns nach einem Eigennamen, und wir sprachen ihn so oft aus, dass er sich abnutzte.

»Onkel Fernando! Darf heute Abend ich das Gefährt halten?«

»Onkel! Onkel Fernando! Sieh mal, das Gefährt ist umgefallen!«

Hätte es denn anders sein können? Die Mütter schrieben weiterhin Briefe mit immer mehr Wörtern und arbeiteten, scheinbar taub für unser Geschrei, winzige Sachen auf Stoffe, als müssten ihre Augen zwischen den Fäden nach unsichtbaren Freuden suchen und das Gewicht ihrer Brüste hielte sie auf den Sitzkissenstühlen fest. Sie wurden dick. Wenn sie doch die Geduld verloren, liefen sie von Mal zu Mal schwerfälliger hinter uns her. Der Großvater redete, erhob sich aber nie von seinem Sitz, nicht mal, um nach einem Wasserkrug zu greifen. Seine Unbeweglichkeit hatte etwas Verhängnisvolles, das sich über das ganze Haus legte und eine gefängnishafte Atmosphäre schuf. Aber unser Onkel war anders, denn er konnte alldem entfliehen und über die Landstraße fahren, und manchmal nahm er uns mit. Deshalb waren wir frei. Jeder von uns hatte seinen Stock mit einem wie Gazellenhörner geschwungenen Draht, über den wir uns beugten und dann losliefen. Allerdings verteilten wir uns in unterschiedlichem Tempo über den Straßenrand. Manche Cousins liefen hinter ihm her, bis sie einen ganz trockenen Mund hatten, und manche gaben auf, kaum dass sie losgelaufen waren. Andere richteten den Blick auf den Boden und beugten sich nach vorn, wollten es dem Onkel lediglich in der Haltung gleichtun, und häufig vergaß er uns, und es dauerte, bis er zurückkehrte. Wenn wir ihn aber hinter den Bäumen wieder heimkehren sahen, wurde es in der frühabendlichen Tiefebene abermals hell. Wir liebten ihn, wir buhlten um ihn und das, was wie ein zweiter Körper zu ihm gehörte, das Gefährt.

Ich hatte vor allem in Erinnerung, was die anderen empfanden, wenn er zurückkam. Manche legten den Stock, der ihnen als Gefährt diente, beiseite, sobald sich der Onkel näherte, den Rücken rund wie ein Flitzbogen, und stritten sich, wer den Lehrer anfassen durfte, und für alle war es ein Triumph, eine halbe Minute lang die Hand auf den Gepäckträger zu legen oder auch nur ganz dicht der Spur zu folgen, die das Fahrrad in den Staub drückte. Oder es genügte ihnen nicht, und deshalb wurden sie laut. Wie ein Bienenschwarm füllten sie mit ihren gleich hohen, noch lange nicht nach Geschlecht unterschiedlichen Stimmen die Ebene, verhielten sich wie Skorpione, blind ihrer Liebe ergeben. Dieser kollektive Ausbruch überschwenglicher Schwärmerei für unseren Onkel Fernando auf dem Gefährt hatte etwas Fanatisches. Die Szenen, wenn ausgewählt wurde, wer mit einer Runde auf dem Gepäckträger bedacht werden sollte, der zur damaligen Zeit bei Rennrädern noch gestattet war, grenzten an religiöse Raserei. Sie schlugen sich, sie weinten, und es musste ausgelost oder die Reihenfolge festgelegt werden, damit der Aufruhr, der da auf der Landstraße um sich griff, nicht in Hysterie umschlug. Beim Streiten waren die Cousinen rabiater als die Cousins, sie rissen sich an den Haaren und kehrten unter Gelächter und gelegentlichen Tränen ihre ganze weibliche Wut heraus. Nicht alle jedoch konnten sich gleich behaupten.

Ich war als Letzte ins Haus auf dem Land gekommen, und meine Ansprüche auf den Onkel waren im Rahmen eines so erbitterten Wettstreits in mehrfacher Hinsicht eingeschränkt. Ungerecht eingeschränkt. Es stimmte, ich lief nicht so schnell wie die anderen, aber wenn ich einmal lief, dann galt ausgerechnet dieses Mal das Laufen nicht als Kriterium. Auch wenn mit Kernen und Zetteln ausgelost wurde, ging aus unerklärlichen Gründen mein Name meistens verloren, und was immer den Ausschlag gab, ob die Leistung oder der Zufall, nur selten gelang es mir, an unseren Onkel heranzukommen. Ging es dem Rang nach, kam ich auf den letzten Platz, sah dem Glück zu, das den anderen zuteil wurde, und wusste schon im Voraus, dass Onkel Fernando die Lust verlieren würde, bevor ich dran war, und die sichere Aussicht auf dieses Unglück hemmte mich, etwas zu sagen. Also zog ich mich vom Schauplatz des Wettstreits zurück, bevor alle anderen müde wurden, und einen kurzen Moment sah das Leben für mich wie tiefe Finsternis aus. Doch ganz langsam, mit einem kleinen Funken Hoffnung, bahnte ich mir einen anderen Weg in die Nähe des Gefährts.

Der Weg war begrenzt. Ich wartete ab, bis sich der Onkel vor der Tür unter die Weinlaube setzte, und da ich regelmäßig an den Außenrand unserer Gruppe verbannt wurde,

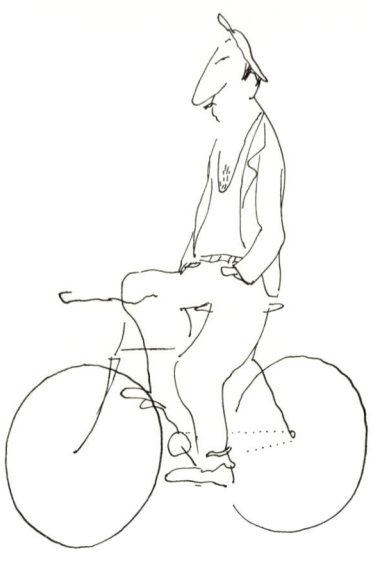

konnte ich, kaum dass er es aussprach, schneller als alle anderen holen, was er benötigte. Das Messer, das Tuch, den Draht, mit dem er die verstopfte Luftpumpe freistocherte. Oder auch ohne dass er etwas sagte. Wortlos, als wäre ich stumm, holte ich ihm den Pullover, bevor es kalt wurde, besorgte ihm die Werkzeuge, bevor er danach verlangte, und nachdem ich gemerkt hatte, dass er sich vor dem Abendessen gern die Füße wusch, brachte ich ihm die Schüssel mit der Seife und dem Handtuch. Da die anderen zu diesem Zeitpunkt schon irgendwohin verschwunden waren, wartete ich, bis er seine abendliche Waschung beendet hatte, nahm ihm die Schüssel ab, goss das Wasser weg und hängte das Handtuch auf den Wäschedraht. Der Waschplatz lag hinter dem Haus, um diese Zeit war es schon vollkommen dunkel, und das Herz schlug mir wie ein Hammer in der Brust. Doch ich überwand meine Angst, lief dem Licht entgegen und postierte mich in der Nähe der Tür zu dem Raum, in dem sich der Onkel gerade befand. Ich ging aber nicht hinein, lauerte nur und hoffte auf eine neue Gelegenheit, nützlich sein zu können, ohne gesehen zu werden. Zu verstecken brauchte ich mich übrigens nicht, denn irgendwann war mir schlagartig klargeworden, dass Onkel Fernando, selbst wenn er sich Mühe gegeben und mich hätte belohnen wollen, und sei es nur mit einem Wort, es nicht gekonnt hätte, denn er sah mich nicht. Mir stellte sich dabei lediglich die Frage, ob ich für ihn milchig wie die Glastür oder durchsichtig wie die Luft war. Das überlegte ich immer nach meinen ungesehen erbrachten Diensten. Irgendwann jedoch musste meine Stunde kommen.

Sie kam unerwartet, fast unbegreiflich. Das Ende eines trockenen Märzmonats hatte einen ungewöhnlichen, vorzeitigen sonnigen Frühling gebracht, und an einem schon fast heißen Sonntag hatte der Onkel das Gefährt ziemlich früh nach draußen bringen lassen. Er hatte es gewaschen, hatte es geputzt, und wie für alle langen Ausflüge hatte er ein kleines Stuhlkissen auf den Gepäckträger geklemmt. Anschließend hatte er zum Himmel geschaut, über den nur ein paar eilige Wolken zogen, als wäre schon Sommer. Und dann, während er zu seiner Kappe und seiner Kodak griff, wählte er unter seinen Neffen und Nichten einen aus, und die Erwählte war zu aller Überraschung ich.

»Die da!«, hatte der Onkel gesagt. »Ja, warum soll sie nicht mitkommen, sie war noch nie dran.«

Ich konnte kaum glauben, was meine Augen sahen. Die Dorfstraße blieb hinter uns zurück, und das Tor, an dem die Cousins und Cousinen noch immer reglos standen, rückte endgültig in die Ferne. Die ebenen Felder glitten gemächlich rechts und links vorbei, lösten sich immer mehr von der Umgebung des Hauses, und ihr welkes, schon fast verbranntes Grün erstreckte sich, so weit das Auge reichte. Mit den Händen um seine Taille geklammert, wie auf einem fliegenden Pferdchen mal zur einen, mal zur anderen Seite geneigt, fuhren und fuhren wir immer weiter. Während der Fahrt fühlte ich, wie die Beine des Onkels kreisend traten und sein Hemd sich immer mehr blähte, je schneller wir fuhren. Und das Land bewegte sich und glitt vorbei. Aber wohin fuhren wir? Konnten wir bis in alle Ewigkeit so weiterfahren? Und wenn nicht, warum nicht? Plötzlich bekam der Boden Gefälle, ein Fleck in Grüntönen leuchtete kräftiger, und dann verlangsamte der Onkel die Fahrt, stieg ab und lehnte das Gefährt an die Böschung der Landstraße.

»Komm her!«, sagte er.

Die Bodenwelle, die sich jenseits der Senke erhob, war keineswegs nur grün. Im Anschluss an dichte Halme ging die Grasfarbe in Weiß über und das Weiß in Gelb, denn wir standen vor einem ausgedehnten Feld voller Margeriten. Mein Onkel zog den Fotoapparat aus dem Futteral, probierte ihn gegen die Sonne aus, kniff die Augen zusammen, deckte die Augen mit dem Mützenschirm ab, ging rückwärts, zur Seite, lief ein paar Schritte, kniete sich hin, und dann schließlich sollte ich ihn ansehen.

»Aber vorher pflück noch einen Strauß Margeriten!«

Ich pflückte sie, einen ganzen Strauß, sah gegen die Sonne zu ihm hin, zwischen den Blumen sitzend, von der Seite, von nahem, von weiter weg, mit und ohne Hut, und als ich, maßlos stolz, weil ich mich wie eine Königin fühlte, ihn im

Halbprofil, mit geschlossenem Mund, ganz still ansah, rief mein Onkel:

»So, ja, nicht bewegen, bleib so, Greta Garbo!« Und dann knipste mein Onkel, der nur zwölf Aufnahmen hatte, seine letzten sechs Bilder. Anschließend legte er sich ins Gras und sprach lange von einer göttlichen Frau, deren Blick jedem, der sie sah, den Schlaf raubte. Eines Tages würde auch ich sie zu sehen bekommen und von ihr lernen, den Blick auf etwas Fernes zu richten, das es nicht gab. Eines Tages, eines Tages... Bis es auf dem Margeritenfeld spät wurde. Wir brachen auf.

Ach! Rasend schnelles Gefährt! Zurückfahren wäre nur in Richtung eines Ortes schön gewesen, von dem aus wir die Ankunftstür nie zu sehen bekommen hätten. Aber wie sollte ich das Onkel Fernando begreiflich machen, wenn er mich geradewegs in den Schatten der Weinlaube zurückbrachte, als wäre dies ein unausweichliches Schicksal? Er brachte mich dorthin, wo sich erneut die ungeduldigen acht Cousins und Cousinen gierig um ihn reißen würden. Da waren sie, erwarteten uns hüpfend und hopsend, und bevor wir richtig angekommen waren, drängten sie mich schon vom Gepäckträger. Mich drängten sie weg, aber diesen Nachmittag konnten sie nie mehr wegdrängen.

Die im Margeritenfeld aufgenommenen Fotografien sollten dann eine ganz besondere Nähe zwischen dem Onkel und mir schaffen, denn nachdem sie entwickelt waren, gingen sie von Hand zu Hand als Beweis für die Stelle, wo wir beide gewesen waren, und da sie ihm gefielen, steckte er sie schließlich in sein persönliches Album. Mehr noch. Als sollte ich jetzt für die Zeit entschädigt werden, in der ich unter ungerechter Zurücksetzung gelitten hatte, zog Onkel Fernando in das Zimmer neben dem mit der gewölbten Decke. Da konnte ich dann hören, wie er abends die Tasten seiner Schreibmaschine anschlug, und morgens zusehen, wie sich die Kette des Gefährts drehte. Gelegentlich schlief er lange, im Gegensatz zu meinem Schlaf, der seit dem Margeritenfeld morgens leicht wie eine Wolke geworden war. Ob mein Onkel von dieser Veränderung wusste? Einmal reichte er mir seine Uhr und bat mich, ihn zu einer bestimmten Zeit zu wecken. Da konnte ich dann feststellen, dass er auf dem Bauch schlief, und sein nackter Rücken, der fest und hart wie ein Kampfschild unter der Decke hervorsah, glänzte im Dämmerlicht des Zimmers voller Gerätschaften. Für eine Nichte war es eine Ehre ähnlich dem Besitz einer Prinzessinnenkrone, sich über das Ohr des Onkels neigen zu dürfen und ganz nah bei ihm zu rufen: »Wach auf, Onkel! Lieber Onkel!« Aber an diesem Tag, genauer gesagt, am späten Nachmittag dieses Tages, als hätte eine aufsteigende Kurve ihren höchsten Punkt erreicht, rief der Großvater außergewöhnlich laut nach mir, und nachdem er den Krug abgestellt hatte, hielt er mich an den Händen fest.

»Du hast deinen Onkel sehr lieb, stimmt's, Mädchen?«, fragte er mich.

Ja, ich hatte den Onkel gern und auch seine Apparate, die Schreibmaschine und den Fotoapparat, aber vor allem das Gefährt. Aus Liebe zum Onkel gestand ich es dem Großvater.

»Und weißt du auch, dass er wegwill?«

Nein, dass er wegwollte, das wusste ich nicht.

»Will er aber ...«, sagte der Großvater tief bekümmert

und drückte mir beide Hände. »Ja, und es wird nicht einfach sein, ihn davon abzuhalten, es sei denn, jemand hilft mir dabei ordentlich!«

Der Großvater hatte innen aus seiner Weste einen Samtbeutel herausgezogen und aus ihm eine kleine goldfarbene Münze zum Vorschein gebracht, die er mir in die Hand legte. »Die gehört dir, wenn du mir helfen willst und das Gefährt verschwinden lässt! Wir müssen nämlich verhindern, dass er weggeht, und deshalb muss das Gerät verschwinden. Du könntest das besorgen. Du machst es so: Wenn er mal wieder so endlos lange schläft, dann nimmst du es mit deiner ganzen Kraft und schiebst es ganz, ganz langsam zum Ziehbrunnen. Wenn du da ankommst, gehst du auf die Seite, wo die Brunnenumrandung eingefallen ist, passt gut auf, dass dich keiner sieht, und dann gibst du dem Gefährt einen Schubs. Da drinnen im Ziehbrunnen wäre es für immer weg. Wenn du einverstanden bist, bekommst du dies hier zur Belohnung!«

Die Münze lag rund und funkelnd in der Hand, aus dem gleichen Material wie Ringe und hieß *halfsovereign,* aber mich lockte dieses merkwürdige Geschäft nicht. Das Fahrrad meines Onkels verschwinden zu lassen kam mir genauso ungeheuerlich vor, als würde man den Onkel selbst krank machen oder gar umbringen. Und als der Großvater mit seinen vergifteten Sätzen endlich aufhörte und ich mich davon überzeugen konnte, dass der Onkel ganz unbesorgt durch die Flure ging und das Gefährt noch unversehrt dastand, bereit für die Fahrt an diesem selben Spätnachmittag, durchströmte mich eine grenzenlose Freude, als wäre mir persönlich jetzt das Glück zu verdanken, das wir erlebten und miteinander teilten. Ich will keine goldene Münze, ich will keine goldene Münze!, sang ich hinter den Weinreben, damit der Großvater es hörte, aber es war klar, dass es bei diesem einen kurzen Trällern bleiben würde, denn der Grund, warum er mit mir und nicht mit einem anderen gesprochen hatte, war, dass ich meine Geheimnisse gern für mich behielt.

»Onkel! Darf ich das Gefährt schon nach draußen schieben?«

Doch nun strahlte Großvaters Kopf etwas Neues aus. Eine der Schwiegertöchter rasierte ihn wiederholt, und nach der Siesta wechselte er den Hut, als erwarte er jemanden. Er blickte in die Ferne, horchte auf Geräusche von der Straße und ließ das Tor weit öffnen, auch wenn niemand wegfahren wollte. Eines Samstagnachmittags jedoch sollte sich das Rätsel mit der Ankunft von zwei Frauen, zwei Schwestern, aufklären, die auf dem Rücksitz eines aschgrauen Citroën raschelten. Die eine trug an einem Finger einen Ring mit einem Edelstein von der Größe eines Granatapfelkerns. Die andere nicht. Aber beide hatten Münder in der Farbe von Siegellack. Ihre gebauschten weißen Kleider hatten Organdyeinsätze, und ihre Röcke versperrten den großen Hausflur, wo die silbern gesprenkelten Begonien blühten. Als sie sich auf die sehr hohen Stühle im kleinen Salon setzten, waren ihre ondulierten Frisuren füllig wie Kohlköpfe, sie rochen noch stark nach verbranntem Öl, und auf ihrer Stirn sah man noch die Abdrücke der Lockenwickler. All die vielen Haare glänzten, als wären sie mit Olivenöl gewaschen worden. Diejenige, die keinen Ring trug und ein Auge halb geschlossen hielt, als wollte sie zwischen den Wimpern einen unsichtbaren Fisch festhalten, war zweifellos älter als die andere, und auf sie konzentrierte sich aller Aufmerksamkeit. Doch vollkommen klar wurde der Zweck ihres Besuchs erst, als Onkel Fernando gerufen wurde.

Der Mann, der bei der Ankunft am Steuer des Citroën gesessen hatte, neben sich seine Frau, auch sie wie die beiden Töchter herausgeputzt, richtete die Augen auf den schlanken Körper meines Onkels und wich mit dem Blick nicht mehr von ihm. Er sprach schleppend, wurde lauter und leiser, machte Versprechungen, schuf über dem Wein, der ihm serviert wurde, ein Gefühl von engerer Zusammengehörigkeit als Verwandtschaft, und im Mittelpunkt der Unterhaltung, bei der viel gelacht wurde, saß schamrot die Frau ohne Ring, die sie schon meine zukünftige Tante nannten. Als sie zum zweiten Mal kamen, waren ihre ondulierten Frisuren erschlafft und die Röcke ihrer Kleider ebenso, nicht aber ihre gewaltige Entschlossenheit und Fröhlichkeit. Unsere Mütter stellten das Grammophon an, und statt zwei Frauenpaaren tanzten und sangen nun drei unter der Weinlaube. Wir Kinder aßen noch nie da gewesene Kuchen. Es war also richtig, mein dunkles Gefühl, dass diese Frauen gekommen waren als Ersatz für den Plan, das Gefährt verschwinden zu lassen. Dennoch, dieser Plan war so ganz anders und so umfangreich, mit so vielen verschiedenen Beteiligten, dazwischen auch noch ein Auto, dass meine Vorstellungskraft mit dem, was geschehen sein mochte, überfordert war. Wie es aussah, sollte Onkel Fernando heiraten.

Aber was würde das bedeuten, wenn Onkel Fernando eine Frau heiratete? Würde er sie, die Frau, die noch keinen Ring hatte, auf dem Gefährt mitnehmen? Sie in ein Margeritenfeld setzen, um sie zu fotografieren? Würde er sie bitten, seinen glänzenden Rücken zu berühren, um ihn zu wecken? Hätte sie das Recht, ohne anzuklopfen das Zimmer zu betreten, in dem er schlief? Eine Verbindung zwischen diesen beiden sich so fremden Menschen, die wir nie miteinander allein gesehen hatten, schien mehr zerstören zu wollen als nur das Zusammenleben in einem Haus. Eines Tages allerdings sah das Gesicht des Mannes, der den grauen Citroën steuerte, anders aus.

Die Schwestern auch. Sie hatten sich kerzengerade hingesetzt, die ondulierten Haare hingen glatt, die bemalten Münder waren fest geschlossen, als könnten sie kein einziges Wort hervorbringen, und der Fahrer des Automobils kam direkt zum Thema, denn ihm passte einiges nicht. Entweder – oder, darum ging es. Ein wohlhabendes Mädchen mit einem Namen, den es zu verteidigen galt, konnte nicht ihren guten Ruf mit Besuchen bei einem Verlobten verspielen, der die Nachmittage auf einem Rennrad verbrachte. Genau umgekehrt gehörte es sich. Nicht sie, sondern er hatte bis zur Hochzeit diese Wege zu machen. Da sie aber alle Verständnis für die schwierige Situation besaßen, hatten sie Schritte unternommen, hatten sich gedemütigt. Doch die Zeit der Nachsichtigkeit war zu Ende. Nun befanden sie sich hier, um endlich aus Fernandos Mund zu hören, was er wollte, ob er wollte und wann er wollte. Seine ältere Tochter war eine Erbin und kein Putzlappen. Und wenn sie schon für ihn eine einfache Mitgift vereinbart hatten, so gab es für ihre Würde und ihre Geduld doch Grenzen. Der Onkel jedoch, der sich an diesem Nachmittag mit einer Reparatur des Gefährts herumschlug, erschien mit verschmierten Händen wie ein Mechaniker und wollte von dem Plan überhaupt nichts wissen.

»Mein Gott, warum denn ich, Vater? Warum?«, fragte er vor den erstarrten Mädchen.

Da hatten sie ihre berüschten Gesäße von den Stühlen erhoben und, die Nasenflügel vor Gleichgültigkeit gebläht, die Plätze im Wagen eingenommen, der dann abfuhr und alle Hoffnung des Großvaters mit sich nahm. Das Haus aber, ohne Führung, brach zusammen wie ein umgestoßenes Kartenhaus, die Verkäufe gingen zurück, die Käufe nahmen zu, Zugtiere starben, für die kein gleichwertiger Ersatz mehr vorhanden war. In den Weizensäcken hatten sich Kornwürmer eingenistet, und in der Umgebung machten die Mühlwerke zu, als hätten sie sich verabredet. Die Tagelöhner arbeiteten nicht mehr von Sonnenaufgang bis Sonnenuntergang, weshalb der Ertrag zurückging, und außerdem erlag der größte Teil von ihnen auch den Verlockungen der Fremde. Unterdessen verzehrten sich unsere Mütter nach ihren Männern, sie ahnten, dass der Zusammenbruch von weit mehr als nur der Familie wie eine Flutwelle auf uns zukam, und vor lauter Unglücklichsein vergaßen sie die Brote im Ofen. Für ihren gemeinsamen Schwiegervater jedoch gab es nur einen, der an dem nahenden großen Verderben der Menschheit schuld war – sein Sohn Fernando, den Ländereien und Frauen nicht interessierten, der ein Sklave des Gefährts war. Aber ihn kümmerte wenig, dass man ihm die Schuld gab. Noch nie hatte der Onkel sich mit so peinlicher Sorgfalt seinem Rennrad gewidmet wie nun, nachdem die jungen Frauen im Auto davongefahren waren.

Jetzt maß er die Zeit zwischen Start und Ziel mit der Stoppuhr und schlug seine eigenen Rekorde, als bestünde er aus mehreren Rennfahrern. Und nicht zufrieden mit der Geschwindigkeit, drehte er Pirouetten, fuhr mit erhobenem Vorderrad, trat auf nur einem Pedal, balancierte auf dem Rad und simulierte Stürze, aus denen er unversehrt hervorging wie die Akrobaten im Zirkus. Wenn wir ihn in so guter Form sahen, kannte unsere Begeisterung kein Erbarmen mehr, mit niemandem, und auch kein Ende. Doch eines strahlenden Sonnentags brach morgens Aufregung im Haus aus, denn das Gefährt war spurlos verschwunden. Mein Gott, wo war das Gefährt? Der Onkel hatte sich auf das Sofa im Flur gelegt, er lag mit offenen Augen, ohne zu blinzeln, und alle Cousins und Cousinen standen um ihn herum und wollten helfen, wobei ich vermutete, dass bei einem von ihnen eine goldene Münze in der Tasche steckte. Einen Entschluss zu fassen war alles andere als leicht. War es nicht so, dass der Großvater zu mir gesagt hatte, das Verschwinden des Fahrrads könnte ihn im Haus halten? Aber wie das? Nach meinem Verständnis trieb das Gefährt ihn nicht von uns fort, sondern kettete ihn an uns, mehr als irgendetwas sonst. Großvaters Argumente kamen mir unlogisch vor, und in meiner Aufregung konnte ich darin nur noch die Rache eines gekränkten Menschen sehen. Man musste den Onkel im Gegenteil an die Straße fesseln, indem man ihm das Gefährt zurückgab.

»Ich weiß, wo es ist!«

Ich erinnerte mich daran, als wäre es erst gestern geschehen.

Anfangs hatte der Onkel mir nicht geglaubt, aber da ich nicht lockerließ, gingen wir alle unter den gleichgültigen Blicken unseres Großvaters zum Ziehbrunnen. Ich hatte mich nicht getäuscht. Der Onkel hatte sich mit einem Spiegel gerüstet, und als er ihn in der Hand drehte, um die Sonnenstrahlen einzufangen, konnte er tatsächlich tief unten in dem grünen, seit Langem stehenden Wasser die glänzenden Speichen des Gefährts ausmachen. Ich erinnerte mich auch noch, wie es herausgeangelt wurde. Eine Leiter musste über den Brunnen gelegt werden, mehrere Ankerhaken mussten hinuntergeworfen und die staunenden Tagelöhner geholt werden, bis das Fahrrad, von Algen und verfaulten Lappen triefend, wie ein Schiffbrüchiger hochgehievt werden konnte. Verbogen, in einen Haufen Schrott verwandelt, trübselig, fast wie ein Mensch mit verrenktem Hals, lag es auf dem Gras. »Aus und vorbei, aus und vorbei…«, sagte er immer wieder. Aber wirklich groß war sein Kummer, als er herausfand, dass jede seiner vier Schwägerinnen zwei Tage zuvor eine *halfsovereign*-Goldmünze erhalten hatte. Nein, nie würde ich es vergessen.

Wie hätte ich es auch vergessen können? Die Stimmung im Haus hatte sich vollkommen verändert, und wenn man abends das Klappern der Schreibmaschine hörte, wusste man, dass er etwas Endgültiges schrieb, das für weit weg bestimmt war. Die Briefe, die er selbst zur Post gab, konnten keinen anderen Inhalt haben als Flucht. Wir unterhielten uns leise darüber, denn wir alle hatten schon davon gehört, dass manches vom Schicksal vorherbestimmt ist. Seit wir das Gefährt verloren hatten, kam es vor, dass der Onkel mit sehr ungewöhnlichen Autos abgeholt wurde, denn obwohl eins schneller als das andere fuhr, brauchten sie endlos lange, bis sie zurückkamen. Aber würde er fortgehen? Oder doch nicht?

»Wie soll er denn?«, hatte eine der Tanten gesagt und den Busen, auf dem sinnlos eine Brosche ruhte, hochgereckt. »Er ist ja noch nicht mal zwanzig!«

Um diese Zeit reiften die Feigen violettrot wie Auberginen und waren groß wie unsere Fäuste, und ebenso der Wein, der in dicken Trauben an den Reben im Weingarten hing, und dieser vermeintliche Überfluss, den die Natur uns bescherte, hatte die Stimmung in dem gefängnisähnlichen Haus in der Ebene verbessert. Die Körbe bogen sich unter saftigen Früchten. Wie Ebbe und Flut oder die Wogen des Windes auf den Ähren eines Kornfelds kam und ging die Hoffnung, nur ruhighalten konnte sie nicht. Der Onkel hatte anscheinend seinen Groll in der Kühle des Spätsommers verrinnen lassen, und schließlich unterhielt er sich sogar mit dem Großvater, der Mutter und den Tanten bis spätabends, so wie früher. Worte ohne viel Zusammenhang, spaßige Be-

merkungen von ihm, über die kurz gelacht wurde. Vielleicht wurde alles anders, vielleicht. Nur, ich war mit ihm zum Margeritenfeld gefahren, ich kannte ihn besser oder spürte mehr, das hatte die Magie der Fotoaufnahmen bewirkt. Etwas am Onkel war nicht der Onkel an diesem Abend, der allzu versöhnlich war, um echt zu sein. Jetzt, Jahre später, erinnerte ich mich. Und wie ich mich erinnerte, während ich gegenüber der Tür der warmen Hotelbar wartete! Frühmorgens hatte ich gehört, wie sich die Tür viel zu langsam schloss, um Gutes zu bedeuten. Ich schlich ohne Schuhe aus dem Zimmer mit der gewölbten Decke. Stellte mich vor den Onkel. Wir standen im Flur.

»Psst!«, machte er.

Aber der jüngste Sohn des Großvaters hatte Mühe, mich loszuwerden. Ich war im Nachthemd und barfuß, und anziehen sollte ich mich nicht, weil sonst jemand wach werden konnte, er wollte mich aber auch nicht so mitnehmen, damit er ungehindert gehen konnte. Zeit ist Zeit, und in einiger Entfernung vom Haus wartete jemand in einem korngelben Auto.

»Und was jetzt? Was mache ich nun damit?«, fragte mein Onkel, auf mich gemünzt, als wir beide vor einem Mann standen, den ich noch nie gesehen hatte.

»Setz sie hinten rein.«

»Und nachher?«

»Nachher bring ich sie zurück.«

Es war frühmorgens. Der Zug tauchte mit seinem großen Auge auf und ließ die Gleise und die Station erzittern. Der Onkel hatte einen kleinen Koffer bei sich und umarmte lange seinen Freund. Dann hob er mich hoch in seine männlichen Arme und drückte mich einen Moment an die Brust. Er strich mir mit der Hand über die bloßen Füße. »Ich komm bald zurück, Kleines. Ich komm zurück. Ganz bald.«

Aber es sollte sich als Lüge erweisen, als absolute Lüge, was mein Onkel sagte.

Der ehemalige Besitzer des Gefährts war die drei Stufen in den Waggon hinaufgestiegen, war hineingegangen und dann winkend, immer noch winkend, in der Silhouette des Zuges verschwunden. So war er verschwunden. Im Laufe der Jahre, vieler Jahre, erzählten manche, sie hätten ihn in Caracas, Buenos Aires, Sydney, am Ende der Welt gesehen. Andere erzählten, er habe sich bei New York verheiratet und fahre Autos so groß wie Fischerboote. Manche sagten, es gehe ihm gut, und manche verbreiteten, es gehe ihm schlecht. Ein anderer schwor, er habe mit ihm in einem Drehrestaurant, dem höchsten einer Stadt, mit Blick auf einen riesigen See, an einem Tisch gesessen. So war unser Onkel allmählich zu einer Gestalt geworden, die durch die ganze Welt geisterte. Und die genau wie ein Geist, der weder sichtbar ist noch handelt, selbst wenn er existiert, irgendwann stirbt. Manche versuchten es noch. Sie brachten uns sogar Fotografien, angeblich Aufnahmen von ihm, aber wenn sie uns zum Erkennen vorgelegt wurden, erwies sich, dass sie dazu nicht taugten; im Übrigen von ihm, von seiner Hand oder seiner Schreibmaschine geschrieben, nicht eine Spur, nicht ein Strich, nicht eine Zeile.

Nicht eine Zeile? Ich korrigiere. Dreißig Jahre später hatte der Onkel zwei geschriebene Zeilen auf einer Karte hinterlassen, die das Emblem einer Motorenfirma trug. Der junge Mann am Empfang des Royal York Hotel hatte sie mir mittags mit dem Schlüssel und anderen Nachrichten ausgehändigt. Diese geschriebenen Worte waren nicht einfach zu verstehen. Zwar waren sie in derselben Sprache verfasst, deren wir uns im Haus in der Tiefebene bedient hatten, aber sie sprachen von einer Zuneigung, die so abrupt abgebrochen war, dass ich sie für erloschen gehalten hatte, und jetzt, wiederbelebt in einer Stadt so fern von dem staubigen Land, klangen mir diese überraschenden Zeilen nicht echt. Ich hatte mich so früh in die Bar gesetzt, gegenüber der durchsichtigen Tür, weil ich noch immer nicht glauben konnte, dass ein Leben ausreichte, eine ganze Umdrehung der Erde um ihre eigene Achse mitzumachen. Sollte der Besitzer des Gefährts nicht ein Traum gewesen sein, der lediglich den Zweck erfüllte, wehrlose Menschen erwachsen werden zu lassen? Die Uhr zeigte genau die Zeit, die am Ende der beiden von ihm im Fach hinterlassenen Zeilen vermerkt stand, und der Raum war voll von strohblonden Menschen, die in der Wärme des Kaminfeuers ihre vom Eis gezügelte Fröhlichkeit verströmten. Als klopfte mein Herz nicht einem Mann, sondern einem See entgegen, lenkte etwas Kaltes meinen Blick zur Garderobe. Da stand er. Hinter der durchsichtigen Scheibe zog ein Herr mittleren Alters langsam seinen Mantel aus, legte ihn zusammen, gab ihn mit den Handschuhen ab, öffnete die Tür, als wäre er soeben von einem Rennrad gestiegen, und heftete seinen mediterranen Blick auf meinen Tisch.

»Du bist groß geworden, Kleines, ja. Aber dein Gesicht ist noch wie früher…«, brachte der Onkel schließlich in einem Atemzug heraus.

John Berger

Frau auf einem Fahrrad

Die Knollen in der Schüssel auf dem Fensterbrett in der Küche keimen. Manchmal, zielgerichtet wie Bohrer, bahnen sich Kartoffelkeime, wenn der Frühling kommt, auf der Suche nach Licht ihren Weg durch Pappe und sogar durch Holz. Wenn die Knollen auf dem Fensterbrett die gleichen sind, die sie letztes Jahr geschickt hat, dann werden sie zu Miniaturnarzissen erblühen. Jede Blume nicht größer als ein Daumennagel. Mit einem süßlich stechenden Duft – fast wie der eines sterbenden Tieres. Blumen des Nordens. Rentierblumen.

Im Küchenschrank befindet sich ein hausgemachter Honigkuchen, den sie ebenfalls geschickt hat. Der Himmel weiß, worin das Rezept besteht. Wie Siruptorte, doch statt des Sirups eine Mischung aus Honig und geriebenen Nüssen. Haselnüsse vielleicht? Jedenfalls die letzten Nüsse, die man wohl findet, wenn man gen Norden nach Lappland reist.

Auf dem Tisch befinden sich afrikanische Toffees. Vielleicht irre ich mich. Vielleicht stammt nur die Flechtschachtel, in der die Toffees sind, aus Afrika. (Drinnen war ein Etikett, auf dem Uganda stand.) Die Toffees selbst, ein jedes offenbar von Hand eingewickelt, weich und schwarz, sind wahrscheinlich eher in ihrer Küche in Göteborg hergestellt worden.

Ihr habe ich es ebenfalls zu verdanken, dass ich vor ein paar Tagen Torgny Lindgren entdeckte. In eines der Pakete, die sie schickte, legte sie *Mehrabs Schönheit* – die beste Erzählung, die je über eine Kuh geschrieben wurde. Daraufhin habe ich alles von Lindgren gelesen. In dem Brief, der im Paket lag, schrieb sie:

Ich sitze auf der Fähre nach Dänemark. Wir verlassen Göteborg durch die lange Hafeneinfahrt – Öltanks –, alles hat sich verändert. Der Innenhafen ist in gewisser Weise tot, keine Werften mehr, nur diese großen »Hotelfähren« nach Dänemark und Deutschland, alles Privatfirmen. Ich hasse es, mit diesen »Seehotels« zu reisen, doch es ist die einzige Möglichkeit – und ich fahre immer als »freier Passagier«. Ich eile in der allerletzten Minute mit meinem Fahrrad und ohne Billett an Bord! Wir haben trüben Himmel, bei etwa minus 4° C. Im Radio habe ich gehört, dass im Norden, wo ich geboren wurde, minus 30° C herrschen.

Das war die Frau, die eines Nachmittags im April auf einem Fahrrad in der Nähe des Lac du Bourget unweit von Aix-les-Bains eine schmale Landstraße entlangfuhr. Der See ist berühmt aufgrund des Gedichts von Lamartine.

Ainsi, toujours poussés vers de nouveaux rivages,
Dans la nuit éternelle emportés sans retour,
ne pourrons-nous jamais sur l'océan des âges
jeter l'ancre un seul jour?

Das Fahrrad war eines jener hohen Exemplare, womit ältere Professoren in Universitätsstädten fahren. Und sie unterrichtet tatsächlich: Sie hält Seminare über schwedische Literatur für asylsuchende Studenten – insbesondere für Flüchtlinge aus dem Iran und aus Uganda. Das Fahrrad jedoch war verwandelt worden. Nicht indem die Lenkergriffe, der Sattel und die Pedale ausgewechselt worden wären: Alle Teile waren noch dieselben, selbst die Bremsen, jede wie die Trense eines Pferdezaumzeugs. Die Verwandlung war das Ergebnis dessen, was das Fahrrad trug. Das hintere Schutzblech war wie die Flanken eines Kamels mit Satteltaschen verkleidet. Ein Zelt, ein Schirm und eine Wasserflasche waren auf den hinteren Gepäckträger geschnallt. Im vorderen Gepäckkorb unter der Batterielampe befanden sich Straßenkarten, Lotionen, ein Beutel mit getrockneten Feigen, Kerzen, ein Hammer und ein neues Buch von Lindgren.

Diese Frau mit lockigem grauem Haar trat in der Nähe des Lac du Bourget in die Pedale, langsam, eine Landstraße entlang, langsam, doch immerwährend. Ein schwarzer Peugeot 605 näherte sich, er fuhr in der gleichen Richtung wie die Frau auf dem Fahrrad. Der Peugeotfahrer telefonierte mit einem seiner Geschäftspartner. Er verrechnete sich hinsichtlich der Breite der Fahrspur, und das Heck des Wagens streifte die rechte Satteltasche der Radfahrerin. Deshalb landeten Fahrrad und Fahrerin in der Pfütze.

Der Wagen hielt nicht an. Damit man einen Unfall, einen Zusammenstoß bemerkt, muss ein gewisses Gewicht mit im Spiel sein. Niemand denkt daran anzuhalten, wenn ein Schmetterling auf die Windschutzscheibe trifft. Und der Aufprall, den man in dem Peugeot spüren konnte, war nicht stärker.

Die Frau fluchte, rappelte sich auf und untersuchte den Schaden. Zunächst am Fahrrad, dann an sich selbst. Das Vor-

derrad war verbogen, und das linke Pedal hatte etwas abbekommen. Was sie selbst anging, so hatte sie eine Schnitt-
wunde am Knie. Die Haut an ihren Beinen war glatt, fast
wie Marmor. Würde man ein Leben lang in Meerwasser wa-
ten, so hätte das vielleicht eine solche Wirkung auf die Haut.
Das Blut, das herausfloss, war dunkel. Sie band sich einen
Lappen um das Knie und setzte sich an den Straßenrand,
um auf den nächsten Autofahrer zu warten. Es war der Lie-
ferwagen einer Bäckerei. Der Fahrer hielt an und nahm sie
mit bis nach Yenne. Dort konnte ihr Fahrrad repariert werden.

Als sie sich am nächsten Morgen mit neuem Vorderrad
und verbundenem Knie auf den Weg nach Norden machte,
fing es an zu regnen.

Sie trug ein wasserdichtes Armeeregencape, als sie im
Dorf ankam. Als Erstes fielen mir ihre blauen Augen auf.
Man sagt, dass blaue Augen weniger altern als dunkle. Und
die Augen in ihrem verwitterten Gesicht waren die eines
jungen Mädchens. Später erfuhr ich, dass sie verheiratet gewesen war und zwei erwachsene Kinder hatte. Wir hängten
ihr Hemd über dem Küchenherd zum Trocknen auf und
aßen Suppe und Käse. Später nahm sie den Verband vom
Knie ab, und ich sah die kleine Wunde.

In drei Tagen ist es abgeheilt, sagte sie.

Sie ging hinaus, kramte im vorderen Gepäckkorb ihres
Fahrrades und brachte ein Glas Marmelade zum Vorschein.

Quittengelee, verkündete sie, für euch. Ich breche bald
auf, doch wenn ich darf, möchte ich erst noch ein wenig
spazieren gehen.

Sie lehnte ihr Fahrrad gegen die Treppe draußen. Als sie

eine halbe Stunde später wiederkam, hatte sie ein Bündel Primeln mit Wurzeln bei sich, die sie sorgsam im vorderen Gepäckkorb verstaute.

Es ist ein bisschen spät, um noch so weit zu fahren, sagte ich.

Manchmal fahre ich auch bei Nacht.

Haben Sie keine Angst?

Ich habe doch mein Fahrrad!

Als sie aufbrach und die Straße hinabfuhr, winkte sie, doch sie blickte nicht zurück. Sie trat langsam und immerwährend in die Pedale. Eine Vagabundin ohne Bedürfnis zu betteln, aber mit dem Bedürfnis zu geben.

Nachweis

Alphonse Allais (20. Oktober 1854, Honfleur, Calvados – 28. Oktober 1905, Paris)
Eine Radweg um die Welt. Originaltitel: *Un viaduc cyclable autour du monde.* Aus dem Französischen von Christel Gersch. Aus: Alphonse Allais, *Les confessions d'un enfant du cycle.* Éditions Mercure de France, Paris, 2012. Copyright für die deutsche Übersetzung © 2012 by Diogenes Verlag, Zürich

Luigi Bartolini (8. Februar 1892, Cupramontana – 16. Mai 1963, Rom)
Fahrraddiebe. Aus dem Italienischen von Hellmut Ludwig. Auszug aus: Luigi Bartolini, *Fahrraddiebe.* Copyright © 2011 by Europa Verlag AG, Zürich

John Berger (* 5. November 1926, Stoke Newington)
Frau auf einem Fahrrad. Aus dem Englischen von Jörg Trobitius. Aus: John Berger, *Mann und Frau, unter einem Pflaumenbaum stehend.* Copyright © 1995 by Carl Hanser Verlag, München, Wien

Andrea Camilleri (* 6. September 1925, Porto Empedocle)
Von der Liebe zum Radfahren. Aus dem Italienischen von Moshe Kahn. Aus: Andrea Camilleri, *Von der Liebe zum Radfahren.* Copyright © 2009 by Rowohlt Verlag, Reinbek bei Hamburg

Gianni Celati (* 1937, Sondrio)
Geschichte einer Rennfahrerin und ihres Verehrers. Aus dem Italienischen von Marianne Schneider. Aus: Gianni Celati, *Erzähler der Ebenen.* Copyright © 1986 by Verlag Klaus Wagenbach, Berlin

Richard Dehmel (18. November 1863, Hermsdorf – 8. Februar 1920, Blankenese)
Radlers Seligkeit. Aus: Richard Dehmel, *Erlösungen.* S. Fischer Verlag, Frankfurt am Main, 1920

René Goscinny (14. August 1926, Paris – 5. November 1977, eben-
da)
Der kleine Nick und sein Fahrrad (Titel vom Herausgeber). Aus
dem Französischen von Hans Georg Lenzen. Aus: René Gos-
cinny/Jean-Jacques Sempé, *Der kleine Nick und die Mädchen.*
Copyright © 1976 by Diogenes Verlag, Zürich
Günter Grass (* 16. Oktober 1927, Danzig)
Tour de France. Aus: Günter Grass, *Sämtliche Gedichte.* Heraus-
gegeben von Werner Frizen. Copyright © 2007 by Steidl Verlag,
Göttingen
Giovannino Guareschi (1. Mai 1908, Fontanelle di Roccabianca – 22. Juli
1968, Cervia)
Don Camillo und das Fahrrad. Aus dem Italienischen von Alfons
Dalma. Aus: Giovannino Guareschi, *Don Camillo und seine Herde.*
Copyright © 1953 by Otto Müller Verlag, Salzburg
Axel Hacke (* 20. Januar 1956, Braunschweig)
Ein Radler fährt schwarz. Aus: Axel Hacke, *Nächte mit Bosch.* Co-
pyright © 2006 by Verlag Antje Kunstmann, München
Ödön von Horváth (9. Dezember 1901, Rijeka – 1. Juni 1938, Paris)
Aus einem Rennradfahrerfamilienleben. Aus: Ödön von Horváth,
Sportmärchen. Copyright © 1978 by Suhrkamp Verlag, Frankfurt
am Main
Jerome K. Jerome (2. Mai 1859, Walsall, Staffordshire – 14. Juni 1927,
Northampton)
Mr. und Mrs. Harris auf dem Tandem (Titel vom Herausgeber). Aus
dem Englischen von Renate Orth-Guttmann. Auszug aus: Jerome
K. Jerome, *Drei Männer auf Bummelfahrt.* Copyright © 2005 by
Manesse Verlag, Zürich, in der Verlagsgruppe Random House
GmbH, München
Uwe Johnson (20. Juli 1934, Cammin – 24. Februar 1984, Sheerness
on Sea)
Na, Radfahren bleibt aber Radfahren. Aus: Uwe Johnson, *Das
dritte Buch über Achim.* Copyright © 1961 by Suhrkamp Verlag,
Frankfurt am Main. Alle Rechte bei und vorbehalten durch Suhr-
kamp Verlag, Berlin

Lídia Jorge (* 18. Juni 1946, Bolqueime)
  Eine Liebe. Erzählung. Aus dem Portugiesischen von Karin von
  Schweder-Schreiner. Copyright © 1998 by Suhrkamp Verlag, Frank-
  furt am Main. Alle Rechte bei und vorbehalten durch Suhrkamp
  Verlag, Berlin
Erich Kästner (23. Februar 1899, Dresden – 29. Juli 1974, München)
  Münchhausen schreibt ein Reise-Feuilleton. Aus: Erich Kästner,
  Herz auf Taille. Copyright © 1928 by Atrium Verlag, Zürich, und
  Thomas Kästner
Siegfried Lenz (* 17. März 1926, Lyck)
  Die Kunstradfahrer. Aus: Siegfried Lenz, *Die Erzählungen.* Co-
  pyright © 1987 by Hoffmann und Campe Verlag, Hamburg
Henry Miller (26. Dezember 1891, New York – 7. Juni 1980, Los
  Angeles)
  Mein bester Freund. Aus dem Amerikanischen von Hermann Stiehl.
  Aus: Henry Miller, *Mein Fahrrad und andere Freunde.* Copyright
  © 1982 by Rowohlt Verlag, Reinbek bei Hamburg
Christian Morgenstern (6. Mai 1871, München – 31. März 1914, Meran)
  Das treue Rad. Aus: Christian Morgenstern, *Gedichte in einem
  Band.* Insel Verlag, Frankfurt am Main 2003
Pablo Neruda (12. Juli 1904, Parral – 23. September 1973, Santiago de
  Chile)
  Ode an das Fahrrad. Aus dem Spanischen von Erich Arendt. Aus:
  Pablo Neruda, *Die Gedichte. Band 2.* Herausgegeben von Karsten
  Garscha. Copyright © 1985, 2009 by Luchterhand Literaturverlag,
  München, in der Verlagsgruppe Random House GmbH
Joachim Ringelnatz, eigentlich Hans Gustav Bötticher (* 7. August
  1883, Wurzen – 17. November 1934, Berlin)
  Der arme Pilmartine. Aus: Joachim Ringelnatz, *Die wilde Miss vom
  Ohio und andere ungewöhnliche Geschichten.* Diogenes Verlag,
  Zürich, 1994
Hansjörg Schneider (* 27. März 1938, Aarau)
  Lob des Velos. Aus: Hansjörg Schneider, *Ein anderes Land.* Co-
  pyright © 2012 by Hansjörg Schneider. Abdruck mit freundlicher
  Genehmigung des Autors

Jean-Jacques Sempé (* 17. August 1932, Bordeaux)
Das Geheimnis des Fahrradhändlers. Aus dem Französischen von
Patrick Süskind. Auszug aus: Jean-Jacques Sempé, *Das Geheim-
nis des Fahrradhändlers*. Copyright © 2005 by Diogenes Verlag,
Zürich

Antonio Skármeta (* 7. November 1940, Antofagasta)
Der Radfahrer vom San Cristóbal. Aus dem chilenischen Spanischen von Willi Zurbrüggen. Auszug aus: Antonio Skármeta, *Mit
brennender Geduld*. Copyright © 1985 by Piper Verlag, München

Patrick Süskind (*26. März 1949, Ambach am Starnberger See)
Die unheimliche Kunst des Radfahrens (Titel vom Herausgeber).
Auszug aus: Patrick Süskind, *Die Geschichte von Herrn Sommer*.
Copyright © 1994 by Diogenes Verlag, Zürich

Martin Suter (* 29. Februar 1948, Zürich)
Ergometer. Aus: Martin Suter, *Unter Freunden*. Copyright © 2008
by Diogenes Verlag, Zürich

Kurt Tucholsky (9. Januar 1890, Berlin – 21. Dezember 1935, Göteborg)
1372 Fahrräder. Aus: Kurt Tucholsky, *Gesammelte Werke in 10
Bänden*. Rowohlt Verlag, Reinbek bei Hamburg, 1975

Mark Twain, eigentlich Samuel Langhorne Clemens (30. November
1835, Florida Missouri – 21. April 1910, Redding, Connecticut)
Wie man ein Hochrad bändigt. Aus dem Amerikanischen von
Claus Sprick. Aus: Mark Twain, *The Complete Essays of Mark
Twain*. Da Capo Press, Boston, 2000. Copyright für die deutsche
Übersetzung © 2012 by Diogenes Verlag, Zürich

Karl Valentin (4. Juni 1882, München – 9. Februar 1948, Planegg)
Der Radfahrer. Aus: Karl Valentin, *Sämtliche Werke in neun Bän-
den. Buchbinder Wanninger. Band 4. Dialoge*. Herausgegeben von
Manfred Faust und Andreas Hohenadl. Copyright © 2007 by
Piper Verlag GmbH, München

Urs Widmer (* 21. Mai 1938, Basel)
Tessin. Aus: Urs Widmer, *Schweizer Geschichten*. Copyright ©
1977 by Diogenes Verlag, Zürich